Alexander A. Bogdanow

Der rote Planet

nexx verlag

Alexander A. Bogdanow
Der rote Planet

ISBN/EAN: 978-3-95870-634-7

3. Auflage

Rechtschreibung und Schreibweise des Originaltextes wurden behutsam angepasst.

Covermotiv: © nexx verlag gmbh

Covergestaltung: nexx verlag, 2026

www.nexx-verlag.de

Hersteller
nexx verlag gmbh
Terra Wohnpark 7
78052 Villingen-Schwenningen

Kontakt
kontakt@nexx-verlag.de

nexx verlag

Inhaltsverzeichnis

Teil III

Teil IV

Vorwort des Verlegers

»Der rote Planet« ist ein seltener Glücksfall der Weltliteratur: ein Science-Fiction-Roman, der nicht nur staunen lässt, sondern auch zum Denken anregt. Alexander Bogdanow entwirft hier keine bloße Abenteuerreise, sondern ein gedankliches Experiment von erstaunlicher Kühnheit. Ein Besucher von der Erde betritt auf dem Mars eine hochentwickelte, kollektiv organisierte Gesellschaft – und erkennt dabei, wie sehr technische Möglichkeiten, soziale Ordnung und Moral miteinander verknüpft sind.

Die große Stärke des Romans liegt in seiner Doppelbewegung: Er zeigt die Verheißung einer besseren Welt und stellt zugleich die unbequemen Fragen, die jede Utopie begleiten. Was kostet Fortschritt? Welche Verantwortung entsteht aus Überlegenheit – und wie gefährlich ist der Wunsch, andere zu »retten«? Bogdanows Mars ist damit nicht bloß Kulisse, sondern ein Spiegel: für Macht, Ressourcen, Mitgefühl und Selbsttäuschung.

Gerade heute wirkt dieser frühe Klassiker erstaunlich modern. Er spricht von Zukunft als Aufgabe, nicht als Dekoration. Wer »Der rote Planet« liest, begegnet einem Roman, der den Blick weitet: auf Gesellschaft, auf Technik, auf den Menschen – und auf die Frage, was wir aus unserer Welt machen wollen.

Joachim Feser
Verleger

Teil I

1. Die Trennung

Die Ereignisse haben sich zugetragen, als in unserem Land der große Umbruch gerade anhob, jener Umbruch, der bis in die Gegenwart fortwährt und sich nun wohl seinem unabwendbaren schrecklichen Ende nähert.

Die ersten, blutigen Tage hatten das gesellschaftliche Bewusstsein so tief aufgewühlt, dass alle einen schnellen und klaren Ausgang des Kampfes erwarteten: Das Schlimmste schien vorüber zu sein, und schlimmer konnte es nicht kommen. Niemand vermochte sich vorzustellen, wie hartnäckig die knochigen Hände eines Toten einen Lebenden krampfhaft umklammern und würgen können.

Kämpferischer Enthusiasmus bemächtigte sich der Massen. Die Menschen öffneten ihre Herzen, grenzenlos auf die Zukunft vertrauend; die Gegenwart verschwamm in rosigem Nebel, die Vergangenheit entrückte in die Ferne. Alle Beziehungen zwischen den Menschen wurden wankend und brüchig wie nie zuvor.

In diesen Tagen geschah, was mein Leben völlig veränderte und mich aus dem Strom der Volkserhebung riss.

Ungeachtet meiner siebenundzwanzig Jahre war ich ein »alter« Parteiarbeiter. Ich hatte sechs Jahre revolutionäre Tätigkeit aufzuweisen, lediglich unterbrochen von einem Jahr Festungshaft. Eher als viele andere spürte ich das Nahen des Sturms, und gelassener als sie begegnete ich ihm. Arbeiten musste ich mehr als früher, dennoch gab ich weder meine wissenschaftliche Betätigung auf – mich interessierte besonders der Aufbau der Materie – noch beendete ich meine literarischen Versuche: Ich schrieb für Kinderzeitschriften, um meinen Lebensunterhalt zu bestreiten. Zu der Zeit liebte ich ... oder glaubte zu lieben.

Ihr Parteiname war Anna Nikolajewna.

Sie gehörte zum anderen, gemäßigteren Flügel unserer Partei. Ich erklärte das mit ihrer Sanftmut und der allgemeinen Verworrenheit der politischen Verhältnisse in unserem Land; obwohl Anna Nikolajewna älter war als ich, hielt ich sie nicht für einen innerlich gefestigten Menschen. Darin irrte ich mich.

Sehr bald, nachdem wir uns vereinigt hatten, trat der Unterschied unserer Naturen immer merklicher und schmerzlicher zutage. Wir hatten stets gegensätzliche Ansichten über unser Verhältnis zur revolutionären Arbeit und den Sinn unserer Verbindung.

Anna Nikolajewna beschritt unter dem Banner von Pflicht und Opfer den Weg in die Revolution, ich marschierte unter dem Banner meines freien Willens. Der großen Bewegung des Proletariats hatte sie sich als Moralistin angeschlossen, die in der höheren Sittlichkeit der Arbeiterklasse ihre Befriedigung findet, ich hingegen als Amoralist, der einfach das Leben liebt. Dieses Leben sollte erblühen, und deshalb hatte ich mich in den Zug eingereiht, der sich auf der Hauptstraße der Geschichte bewegte und dieses Erblühen des Lebens verkörperte. Für Anna Nikolajewna war die proletarische Ethik an sich geheiligt, ich hielt sie für eine nützliche Richtschnur, der Arbeiterklasse in ihrem Kampf unabdingbar, aber vergänglich wie dieser Kampf selbst und die Lebensordnung, die sie hervorgebracht hatte. Nach Anna Nikolajewnas Meinung sollte in der sozialistischen Gesellschaft die Klassenmoral des Proletariats in eine allgemein verbindliche Moral umgewandelt werden, während ich meinte, das Proletariat würde schon jetzt mit der Abschaffung jedweder

Moral beginnen und das soziale Empfinden, das die Menschen bei der Arbeit wie bei Freude und Leid zu Genossen werden lässt, könne sich erst dann frei entwickeln, wenn es die fetischistische Hülle der Sittlichkeit ablege. Aus diesen unterschiedlichen Ansichten erwuchsen nicht selten widersprüchliche Bewertungen von politischen und sozialen Tatsachen. Diese Widersprüche waren offensichtlich nicht miteinander zu versöhnen.

Noch schärfer klafften die Ansichten über unsere privaten Beziehungen auseinander. Anna Nikolajewna meinte, die Liebe verpflichte zu Zugeständnissen, zu Opfern und vor allem zur Treue, solange die Ehe währe. Ich dachte wahrhaftig nicht daran, neue Bindungen einzugehen, dennoch konnte ich die Verpflichtung zur Treue nicht gelten lassen, eben weil es eine Verpflichtung war. Ich hielt sogar die Polygamie für prinzipiell höherstehend als die Monogamie, weil sie dem Menschen einen größeren Reichtum persönlichen Lebens und größere Vielfalt bei der Vererbung von Anlagen zu geben vermag. Meiner Ansicht nach machen nur die Widersprüche der bürgerlichen Ordnung die Polygamie in unserer Zeit teils unrealisierbar und teils zu einem Privileg von Ausbeutern und Parasiten, die mit ihrer dekadenten Geistesart alles besudeln; die Zukunft müsste auch hier eine tiefe Umwandlung bringen. Anna Nikolajewna war über solche Worte empört; sie sah darin einen Versuch, ein grob sinnliches Verhältnis zum Leben in ein ideologisches Gewand zu kleiden.

Trotzdem habe ich die unausbleibliche Trennung nicht vorhergesehen und gespürt. Äußere Ereignisse beschleunigten die Auflösung unserer Verbindung.

Zu jener Zeit kam ein junger Mann in die Hauptstadt, der den ungewöhnlichen Decknamen Menni trug. Er brachte aus dem Süden Nachrichten und Aufträge, an denen zu erkennen war, dass er das volle Vertrauen der Genossen besaß. Nachdem er seine Mission erfüllt hatte, blieb er noch einige Zeit in der Hauptstadt und besuchte uns zuweilen, wobei er die lebhafte Neigung äußerte, mit mir näher bekannt zu werden.

Menni war in vielem ein origineller Mann, angefangen bei seinem Äußeren. Eine dunkle Brille maskierte seine Augen so, dass ich nicht einmal ihre Farbe kannte. Sein Kopf war überproportional groß; seine Gesichtszüge, ebenmäßig, aber erstaunlich starr, wollten überhaupt nicht zu der sanften und ausdrucksvollen Stimme passen, und ebenso wenig zu seiner harmonischen, jünglingshaft federnden Gestalt. Er sprach zwanglos und flüssig, seine Rede war stets gehaltvoll. Mennis wissenschaftliche Bildung kam mir sehr einseitig vor; offensichtlich hatte er ein Ingenieurstudium absolviert.

Im Gespräch neigte Menni dazu, spezielle und praktische Fragen auf allgemeine Ideen zurückzuführen. Wenn er bei uns weilte, traten die Gegensätze zwischen mir und Anna Nikolajewna sehr bald so deutlich und klar hervor, dass wir qualvoll die Aussichtslosigkeit unserer Verbindung empfanden. Mennis Ansichten ähnelten offensichtlich den meinigen, er äußerte sich zwar sehr behutsam und vorsichtig in der Form, aber scharf und entschieden dem Inhalt nach. Die politischen Differenzen zwischen Anna Nikolajewna und mir wusste er so kunstvoll mit grundlegenden Unterschieden in unserer Weltanschauung zu verknüpfen, dass diese Unterschiede als psychologisch unausweichliche, fast logische Schlüsse daraus erschienen, und es schwand jegliche Hoffnung, aufeinander einzuwirken, die Gegensätze zu ebnen, eine Übereinkunft zu erzielen. Anna Nikolajewna empfand Menni gegenüber beinahe Hass, verbunden mit lebhaftem Interesse. Mir flößte er große Achtung und undeutliches Misstrauen ein: Ich spürte, dass er einen Zweck verfolgte, wusste jedoch nicht, welchen.

An einem Januartag – es war schon Ende des Monats – sollte in den Leitungen beider Parteiflügel über eine geplante Massendemonstration beraten werden, bei der es zu bewaffneten Zusammenstößen kommen konnte. Am Abend zuvor erschien Menni bei uns und fragte, ob die leitenden Funktionäre der Partei an dieser Demonstration teilnehmen würden. Der Streit, der zwischen uns entbrannte, wurde bald heftig.

Anna Nikolajewna erklärte, dass jeder, der für die Demonstration stimme, moralisch verpflichtet sei, in den ersten Reihen zu marschieren. Ich hielt das durchaus nicht für verbindlich, teilnehmen sollten vielmehr diejenigen, die dort vonnöten wären und wirklich nützlich sein könnten, wobei ich mich im Sinn hatte, da ich bereits einige diesbezügliche Erfahrungen besaß. Menni ging noch weiter und behauptete, bei dem offenbar unvermeidlichen Zusammenstoß mit dem Militär müssten sich die Straßen-Agitatoren und Kampf-Organisatoren auf dem Handlungsfeld befinden, dagegen hätten die politischen Leiter dort nichts zu suchen und nervöse oder körperlich schwache Menschen könnten der Sache sogar schaden. Anna Nikolajewna war wegen dieser Erwägungen, die sie als Affront gegen sich auffasste, geradezu beleidigt. Sie brach die Unterhaltung ab und begab sich in ihr Zimmer. Bald verabschiedete sich auch Menni.

Tags darauf musste ich früh aufstehen. Ich ging fort, ohne Anna Nikolajewna gesehen zu haben, und kam erst abends heim. Der Plan zu der Demonstration war verworfen worden, sowohl von unserem Komitee wie von der Leitung des anderen Flügels. Ich war es zufrieden, weil ich wusste, wie unzureichend vorbereitet wir für einen bewaffneten Konflikt waren; bei einem solchen Zusammenstoß hätten wir nur fruchtlos unsere

Kräfte vergeudet. In der Hoffnung, der Beschluss würde Anna Nikolajewna besänftigen, betrat ich das Zimmer. Auf dem Tisch fand ich einen Zettel:

Ich fahre fort. Je mehr ich über uns nachdenke, umso klarer wird mir, dass wir auf verschiedenen Wegen gehen und dass wir uns beide geirrt haben. Es ist besser, wenn wir uns nicht wiedersehen. Verzeih mir.

Ich irrte lange durch die Straßen, im Kopf ein Gefühl der Leere, das Herz verkrampft. Als ich heimkam, fand ich einen unvermuteten Gast vor. An meinem Tisch saß Menni und schrieb.

2. Die Einladung

»Ich muss wegen einer sehr ernsten und etwas eigenartigen Angelegenheit mit Ihnen reden«, sagte Menni.

Mir war alles gleichgültig; ich setzte mich und hörte ihm zu.

»Ich habe Ihre Arbeit über Elektronen und Materie gelesen«, begann er. »Auf diesem Gebiet habe ich selbst mehrere Jahre geforscht, und ich glaube, Ihre Arbeit enthält viele richtige Gedanken.«

Ich verneigte mich schweigend.

»In Ihrer Arbeit findet sich eine besonders interessante Bemerkung. Sie äußern, dass die elektrische Theorie der Materie, die die Gravitation als von elektrischen Kräften abhängige Anziehung und Abstoßung erklärt, notwendigerweise zur Entdeckung einer Gravitation mit umgekehrtem Vorzeichen führen müsse, das heißt zu einer Materie, die von der Erde, der Sonne und den anderen Himmelskörpern abgestoßen, aber nicht angezogen wird. Zum Vergleich verweisen Sie auf die diamagnetischen Eigenschaften von Körpern und auf die Abstoßung von unterschiedlich gepoltem Gleichstrom. Das alles wird beiläufig gesagt, aber ich glaube, dass Sie das für wichtiger halten, als Sie zeigen wollen.«

»Sie haben recht«, antwortete ich, »und ich meine, die Menschheit wird auf diesem Wege die Aufgabe lösen, sich völlig frei in der Luft zu bewegen und dann zu anderen Planeten zu fliegen. Mag diese Idee nun richtig sein oder nicht, sie ist völlig fruchtlos, solange es keine genaue Erklärung der Materie und der Gravitation gibt. Wenn ein anderer Materietyp existieren sollte, dann ist er offensichtlich nicht zu finden: Durch die

Repulsionskraft ist er längst aus dem gesamten Sonnensystem vertrieben worden, oder noch genauer – er gelangte gar nicht erst in dieses System, als es sich in Form eines Nebels zu bilden begann. Das bedeutet, dass man diese Materie erst theoretisch konstruieren und dann praktisch herstellen muss. Vorläufig besitzen wir keine Voraussetzungen dazu und können die Aufgabe lediglich erahnen.«

»Diese Aufgabe ist bereits gelöst«, sagte Menni.

Ich sah ihn verblüfft an. Sein Gesicht war wie immer ausdruckslos, aber seine Stimme klang so sicher, dass ich ihn nicht für einen Scharlatan halten konnte.

Vielleicht ist er geisteskrank, ging es mir durch den Kopf.

»Ich weiß sehr wohl, was ich sage. Warum sollte ich Ihnen etwas vorgaukeln?« antwortete er auf meine Gedanken. »Hören Sie mich geduldig an, danach lege ich Ihnen Beweise vor, wenn Sie es für nötig erachten sollten.« Und er fuhr fort:

»Die große Entdeckung, von der die Rede ist, wurde nicht von einem Einzelnen gemacht. Sie ist das Werk einer wissenschaftlichen Gesellschaft, die schon ziemlich lange besteht und viele Jahre auf diesem Feld geforscht hat. Es ist eine Geheimgesellschaft, und ich bin nicht bevollmächtigt, Sie näher mit ihrer Entstehung und Geschichte vertraut zu machen, solange wir nicht in der Hauptsache übereingekommen sind.

Unsere Gesellschaft ist der akademischen Welt in vielen wichtigen Fragen der Wissenschaft weit voraus. Radioaktive Elemente und ihr Zerfall waren uns weitaus früher bekannt als Curie und Ramsay, und unsere Wissenschaftler haben viel früher und gründlicher den Aufbau der Materie analysiert als die bedeutendsten Forscher der neuesten Zeit. So gelangten sie zu der

Erkenntnis, dass Elemente existieren, die von irdischen Körpern abgestoßen werden, und dann wurde diese ›Minus-Materie‹, wie wir sie kurz bezeichnen, synthetisiert.

Nun war es ein Leichtes, diese Entdeckung technisch zu nutzen – anfangs wurden Flugapparate zur Bewegung in der irdischen Atmosphäre gebaut, dann Sternschiffe für den Flug zu anderen Planeten.«

»Und all das konnten Sie geheim halten?« unterbrach ich ihn.

»Ja, weil wir das in höchstem Maße für wichtig halten. Es wäre gefährlich, unsere wissenschaftlichen Entdeckungen zu veröffentlichen, solange in den meisten Ländern reaktionäre Regierungen an der Macht sind. Sie, ein russischer Revolutionär, müssten uns mehr als jeder andere darin beipflichten. Sie sehen ja, wie Ihr asiatischer Staat europäische Technik dazu benutzt, alles, was bei Ihnen lebendig und fortschrittlich ist, zu unterdrücken und auszumerzen. Und die Regierung des halb feudalen, halb konstitutionellen Landes, auf dessen Thron ein militaristisch-geschwätziger Dummkopf sitzt, der von adligen Spitzbuben gelenkt wird? Ist sie etwa viel besser? Was taugen selbst die beiden bürgerlichen Republiken Europas? Würden unsere Flugmaschinen bekannt, setzten diese Regierungen alles daran, sie in ihre Gewalt zu bekommen, das Monopol darüber zu erhalten und die Apparate für ihre Zwecke zu nutzen. Unsere Erfindungen würden nur dazu dienen, die Macht der oberen Klassen zu stärken. Das wollen wir keineswegs, deshalb behalten wir das Monopol und warten bessere Verhältnisse ab.«

»Ist es Ihnen tatsächlich schon gelungen, andere Planeten zu erreichen?« fragte ich.

»Ja, die beiden erdnächsten Planeten, die Venus und den Mars, den toten Mond nicht gerechnet. Augenblicklich sind wir dabei, diese Planeten gründlich zu erkunden. Wir haben alle notwendigen Mittel, brauchen jedoch beherzte und zuverlässige Helfer. Mit Vollmacht meiner Kameraden trage ich Ihnen an, in unsere Reihen zu treten – natürlich mit allen sich daraus ergebenden Rechten und Pflichten.«

Er verstummte und wartete auf meine Antwort. Ich wusste nicht, was ich von alledem halten sollte.

»Beweise!« rief ich. »Sie haben versprochen, Beweise vorzulegen.«

Menni zeigte mir einen gläsernen Flakon mit einer metallischen Flüssigkeit, die ich für Quecksilber hielt. Seltsamerweise befand sich die Flüssigkeit, die lediglich ein Drittel des Flakons ausfüllte, nicht auf dem Boden, sondern im oberen Teil unter dem Korken. Als Menni den Flakon umdrehte, schwebte die Flüssigkeit zum Boden hinauf. Menni ließ den Flakon los, und es hing in der Luft. Das war zwar unerklärlich, aber unbestreitbar.

»Dieser Flakon ist aus gewöhnlichem Glas«, erklärte Menni, »während die Flüssigkeit aus einer Materie besteht, die von den Körpern des Sonnensystems abgestoßen wird. Man hat gerade so viel Flüssigkeit hineingegossen, um das Gewicht der Flasche auszugleichen, also wiegen sie zusammen nichts. Auf diese Weise bauen wir auch alle Flugapparate. Sie werden aus gewöhnlichem Material hergestellt, enthalten aber ein Reservoir, das mit einer ausreichenden Menge Minus-Materie gefüllt ist. Dann braucht man diesem gewichtlosen System nur noch die ausreichende Geschwindigkeit zu verleihen. Für irdische Flugmaschinen verwenden wir einfache Elektromotoren mit Luftschraube, für den Flug zu den Planeten eignet sich diese Methode natürlich nicht, da bedienen wir uns eines völlig anderen Verfahrens, mit dem ich Sie demnächst näher bekannt machen werde.«

Es gab keine Zweifel mehr.

»Welchen Beschränkungen unterliegt ein neues Mitglied Ihrer Gesellschaft, abgesehen von der Schweigepflicht?«

»Eigentlich fast gar keinen. Weder das Privatleben noch die berufliche und öffentliche Tätigkeit unserer Kameraden sind irgendwie eingeschränkt, sie dürfen nur den Interessen unserer Gesellschaft nicht zuwiderlaufen. Aber jeder muss bei seinem Eintritt einen wichtigen und verantwortungsvollen Auftrag erfüllen. Auf diese Weise wird das neue Mitglied besser in unsere Gesellschaft eingegliedert, zudem zeigt sich dabei das Ausmaß seiner Fähigkeiten und seiner Energie.«

»Auch ich bekomme also jetzt einen solchen Auftrag?«

»Ja.«

»Und wie lautet er?«

»Morgen fliegt ein großes Sternschiff zum Mars. Sie müssen an der Expedition teilnehmen.«

»Wie lange wird diese Expedition dauern?«

»Das ist unbekannt. Allein der Hin- und Rückflug erfordern mindestens fünf Monate. Vielleicht kehren wir auch gar nicht zurück.«

»Das verstehe ich, und darum geht es nicht. Aber was wird aus meiner revolutionären Tätigkeit? Sie selbst sind anscheinend Sozialdemokrat und werden deshalb meine schwierige Lage begreifen.«

»Wählen Sie! Wir halten eine Unterbrechung Ihrer Tätigkeit für unumgänglich, wenn Sie unsere Aufgabe erfüllen wollen. Der Auftrag kann nicht verschoben werden. Lehnen Sie ihn ab, verzichten Sie auf alles.«

Ich überlegte. Da unsere Bewegung immer stärker wurde, war es völlig unerheblich, wenn ein Revolutionär fehlte. Zudem war es ein zeitweiliges Aussetzen. Später, mit meinen neuen Verbindungen, Kenntnissen und Mitteln, würde ich der Bewegung weitaus mehr nützen können als jetzt. Ich entschloss mich.

»Wann soll ich aufbrechen?«

»Sofort, mit mir.«

»Geben Sie mir zwei Stunden Zeit, um die Genossen zu benachrichtigen! Ich brauche morgen im Kreis einen Vertreter.«

»Dafür ist schon gesorgt. Heute ist Andrej angekommen, der aus dem Süden geflüchtet ist. Ich habe ihn informiert, dass Sie die Stadt verlassen würden, und er ist bereit, Ihren Platz einzunehmen. Während ich auf Sie wartete, habe ich ihm für alle Fälle einen Brief mit genauen Anweisungen geschrieben. Diesen Brief können wir unterwegs abgeben.«

Mehr war nicht zu besprechen. Ich vernichtete schnell überflüssige Papiere, schrieb meiner Wirtin einen Zettel und kleidete mich an. Menni war schon fertig.

»Also gehen wir. Von nun an bin ich Ihr Gefangener.«

»Sie sind mein Kamerad«, entgegnete Menni.

3. Die Nacht

Mennis Wohnung nahm die gesamte vierte Etage eines großen Hauses ein, das sich von den Häuschen am Stadtrand abhob. Niemand empfing uns. Die Zimmer, durch die wir schritten, waren leer, und beim hellen Licht der elektrischen Lampen wirkte diese Leere besonders unheimlich und unnatürlich. Im dritten Zimmer blieb Menni stehen und zeigte auf eine Tür.

»Dort befindet sich die Fluggondel, mit der wir gleich zum Sternschiff fliegen werden. Vorher muss ich mich jedoch ein wenig verwandeln. In dieser Maske könnte ich schwerlich die Gondel lenken.«

Er knöpfte den Kragen auf und zog eine kunstvoll gefertigte Maske von seinem Kopf, die wir alle bisher für sein Gesicht gehalten hatten. Ich war verblüfft von dem Anblick, der sich mir bot. Mennis Augen waren zwei glotzende Kugeln, weit größer als bei einem Menschen mit fortgeschrittener Basedow'scher Krankheit. Sogar im Vergleich zu dieser unnatürlichen Augengröße waren die Pupillen erweitert, was beinahe furchterregend aussah. Der obere Teil des Gesichts und des Kopfes waren so breit, wie es für solche Augen notwendig war, dagegen war die untere Gesichtshälfte, übrigens ohne den Anflug eines Bartes, vergleichsweise schmal. Alles zusammen machte den Eindruck äußerster Originalität, der Kopf war zwar missgestalt, wirkte aber nicht wie eine Karikatur.

»Sie sehen, mit was für einem Äußeren mich die Natur bedacht hat«, sagte Menni. »Und Sie werden verstehen, dass ich mein Gesicht verbergen muss, schon um die Leute nicht zu erschrecken, von den Erfordernissen der Konspiration gar nicht zu reden. Aber Sie werden sich an meine Hässlichkeit gewöhnen müssen, denn Sie werden viel Zeit mit mir verbringen.«

Er öffnete die Tür zum nächsten Zimmer und schaltete das Licht ein. Es war ein großer Saal. In seiner Mitte lag ein kleines, recht breites Boot. Seitenwände und Boden waren gläsern und hatten stählerne Einfassungen, das durchsichtige Glas von zwei Zentimeter Dicke war offenbar sehr stabil. Über dem Bug sollten zwei flache Kristallplatten, die im spitzen Winkel zueinanderstanden, die Luft durchschneiden und die Passagiere beim schnellen Flug vor dem Wind schützen. Der Motor nahm den mittleren Teil des Bootes ein, die Luftschraube mit drei Flügelblättern von einem halben Meter Länge befand sich am Heck. Vorn war das Boot mit einem dünnen transparenten Schutzdach bedeckt, das mit leichten Stahlstiften an den Metalleinfassungen der Seitenwände befestigt war. Bei näherem Betrachten wirkte diese Fluggondel geschmackvoll wie ein großes Spielzeug.

Menni befahl mir, auf einer Seitenbank Platz zu nehmen, bevor er das elektrische Licht löschte und das riesige Fenster öffnete. Er selbst setzte sich vorn vor den Motor und warf einige Säcke Ballast hinaus, die auf dem Boden lagen. Dann drückte er auf einen Hebel. Die Gondel schwankte, erhob sich langsam und glitt durch das geöffnete Fenster hinaus.

»Dank der Minus-Materie brauchen wir für unsere Flugapparate keine zerbrechlichen plumpen Flügel«, bemerkte Menni.

Ich saß wie angeschmiedet auf der Bank und wagte nicht, mich zu bewegen. Das Rauschen der Schraube wurde immer vernehmlicher, kalte Winterluft gelangte unter das Schutzdach und erfrischte mein glühendes Gesicht, drang jedoch nicht unter meine warme Kleidung. Über uns blinkten Tausende von Sternen, sie zogen dahin, während unten ... Ich sah durch den durchsichtigen Boden der Gondel, wie die schwarzen Flecke der Häuser kleiner wurden und die hellen

Pünktchen der elektrischen Straßenlaternen flimmerten. Die Hauptstadt entschwand den Blicken, tief unten schimmerten verschneite Ebenen in trübem bläulichem Licht. Das leichte Schwindelgefühl, das ich erst kaum spürte, wurde immer stärker, und ich schloss die Augen, um mich davon zu befreien.

Die Luft wurde immer dünner, das Rauschen der Schraube und das Pfeifen des Luftzuges klangen immer höher – offenbar flogen wir schneller. Bald unterschied mein Ohr unter all den Lauten einen feinen, sehr gleichmäßigen silbrigen Ton – die gläserne Bugwand der Gondel vibrierte, während sie die Luft durchschnitt. Wunderbare Musik erfüllte mein Inneres, meine Gedanken entglitten mir, ich empfand nur eine elementar-leichte und freie Bewegung, die mich vorwärts trug, vorwärts in den endlosen Raum.

»Vier Kilometer pro Minute«, sagte Menni.

Ich öffnete die Augen und fragte: »Ist es noch weit?«

»Ungefähr eine Stunde. Wir landen auf einem vereisten See.«

Wir befanden uns in einer Höhe von mehreren hundert Metern, die Gondel flog waagerecht, ohne zu sinken oder zu steigen. Meine Augen gewöhnten sich an die Finsternis, und ich konnte alles deutlich erkennen. Unter uns breitete sich eine Gegend mit Seen und Granitfelsen aus. Die Felsen hoben sich an einigen Stellen schwarz vom Schnee ab. Zwischen ihnen klebten kleine Dörfer.

Linkerhand blieb das Schneefeld eines vereisten Meerbusens hinter uns zurück, rechter Hand lagen die weißen Ebenen eines riesigen Sees. In dieser leblosen Winterlandschaft sollte meine Verbindung zur alten Erde zerreißen. Und auf einmal spürte ich – kein Zweifel, nein, es war die echte Gewissheit – dass das ein Abschied für immer sein würde.

Die Gondel sank langsam zwischen Felsen nieder und schwebte in die kleine Bucht eines Gebirgssees. Ein dunkles Gebilde erhob sich aus dem Schnee. Weder Fenster noch Türen waren zu sehen. Eine Metallwand wurde langsam beiseitegeschoben und gab eine dunkle Öffnung frei, in die unsere Gondel hineinflog. Danach schloss sich die Wand wieder. Der Raum, in dem wir uns befanden, erstrahlte in elektrischem Licht. Es war ein großer, länglicher Saal ohne Möbel, auf dem Boden lagen lediglich Ballastsäcke.

Menni befestigte die Gondel an speziell dafür bestimmten Pfosten und öffnete eine Seitentür. Wir betraten einen schwach beleuchteten Gang mit einer Reihe von Türen. Ich wurde in ein Zimmer geführt.

»Das ist Ihre Kajüte«, sagte Menni. »Machen Sie es sich bequem, ich muss in den Maschinenraum. Wir sehen uns morgen früh.«

Ich war froh, allein zu sein. Trotz der Erregung infolge der merkwürdigen Erlebnisse des Abends war ich ermattet. Ich rührte das Abendessen auf dem Tisch nicht an, sondern löschte gleich die Lampe und legte mich ins Bett. Verworrene Gedanken schwirrten durch meinen Kopf. Ich mühte mich krampfhaft einzuschlafen, doch es gelang mir lange nicht. Schließlich wurde mein Bewusstsein trübe, flüchtige Bilder drängten sich mir vor die Augen, die Umgebung entschwand, und schwere Träume bemächtigten sich meines Hirns.

Die Kette der Träume endete mit einem Albtraum. Ich stand an einem schwarzen Abgrund, auf dessen Boden Sterne glänzten, und Menni wollte mich hinunterstoßen. Er sagte, ich brauche die Schwerkraft nicht zu fürchten, nach einigen Hunderttausend Jahren Fall würden wir zum nächsten Stern gelangen. Ich stemmte mich gegen ihn, stöhnte in qualvollem Ringen auf und erwachte.

Zartes blaues Licht füllte mein Zimmer. Menni saß auf dem Bett und neigte sich zu mir. Menni? Ja, er, aber gespenstisch-seltsam und irgendwie anders. Er schien kleiner geworden zu sein, seine Augen traten nicht so stark hervor, er lächelte gütig und hatte nicht den kalten und unerschütterlichen Gesichtsausdruck wie eben im Traum.

»Wie gut Sie aussehen«, sagte ich benommen.

Er legte seine Hand auf meine Stirn. Es war eine kleine, zarte Hand. Ich schloss wieder die Augen, und mit dem absurden Gedanken, dass ich diese Hand küssen müsste, sank ich in einen ruhigen, tiefen Schlaf.

4. Die Erklärung

Als ich erwachte und das Licht einschaltete, zeigte die Uhr zehn. Nach meiner Morgentoilette drückte ich den Klingelknopf, und kurz darauf erschien Menni.

»Fliegen wir bald?« fragte ich.

»In einer Stunde«, antwortete er.

»Waren Sie heute Nacht bei mir, oder habe ich das nur geträumt?«

»Nein, das war kein Traum, aber nicht ich war bei Ihnen, sondern unser junger Doktor Netti. Sie haben unruhig geschlafen, er musste Sie mit Hypnose und blauem Licht einschläfern.«

»Ist Doktor Netti Ihr Bruder?«

»Nein«, entgegnete Menni lächelnd.

»Sie haben mir bisher nicht gesagt, aus welchem Land Sie stammen. Gehören Ihre Kameraden zum selben Typ wie Sie?«

»Ja.«

»Sie haben mich also belogen«, erwiderte ich scharf. »Das ist gar keine wissenschaftliche Gesellschaft. Was ist es dann?«

»Wir sind Bewohner eines anderen Planeten«, erwiderte Menni ruhig, »Vertreter einer anderen Menschheit. Wir sind Marsmenschen.«

»Warum haben Sie mich belogen?«

»Hätten Sie mich angehört, wenn ich Ihnen gleich die ganze Wahrheit gesagt hätte? Ich hatte zu wenig Zeit, um Sie zu überzeugen. Also musste ich die Wahrheit um der Wahrscheinlichkeit willen verbiegen. Ohne diese Übergangsstufe wäre Ihr Geist zu sehr erschüttert worden. Im Wesentlichen habe ich Ihnen die Wahrheit gesagt – was die bevorstehende Reise betrifft.«

»Das heißt, ich bin trotzdem Ihr Gefangener?«

»Nein, Sie sind auch jetzt frei. Bis zum Abflug in einer Stunde können Sie sich noch anders entscheiden. Wenn Sie unser Angebot ausschlagen, bringen wir Sie zurück und verschieben unsere Reise, weil es keinen Sinn hätte, ohne einen Erdenmenschen heimzufliegen.«

»Wozu brauchen Sie mich?«

»Sie sollen als lebendes Verbindungsglied zwischen unserer Gesellschaft und der irdischen Menschheit dienen, sollen unsere Lebensweise kennenlernen und die Marsmenschen näher über das Leben auf der Erde informieren, Sie sollen der Vertreter Ihres Planeten auf dem Mars sein – solange Sie das wünschen.«

»Ist das schon die ganze Wahrheit?«

»Ja, die ganze Wahrheit. Fühlen Sie sich imstande, diese Rolle zu übernehmen?«

»Ich werde es versuchen.«

»Und ist das Ihre endgültige Entscheidung?« fragte Menni.

»Ja, wenn Ihre letzte Erklärung nicht wieder eine ... Übergangsstufe darstellt.«

»Also fliegen wir«, sagte Menni, ohne meine ironische Bemerkung zu beachten. »Ich gebe dem Maschinisten die letzten Anweisungen, dann kehre ich zu Ihnen zurück, und wir werden gemeinsam den Abflug unseres Sternschiffs beobachten.«

Ich gab mich meinen Gedanken hin. Unser Gespräch war eigentlich nicht beendet. Eine ernste Frage war geblieben, aber ich wagte nicht, sie Menni zu stellen. Hatte er bewusst Anna Nikolajewna in ihrem Entschluss bestärkt? Es schien so gewesen zu sein. Wahrscheinlich hatte er in ihr ein Hindernis für sein Ziel gesehen. Vielleicht hatte er Recht. Jedenfalls hatte er den Bruch nur beschleunigt, ihn aber nicht herbeigeführt. Natürlich war das eine freche Einmischung in meine Privatangelegenheiten. Aber nun war ich Menni ausgeliefert und musste meine Feindseligkeit ihm gegenüber unterdrücken. Es war also sinnlos, an die Vergangenheit zu rühren, am besten, ich dachte nicht daran.

Die neue Wendung der Dinge hatte mich nicht allzu sehr schockiert. Ich fühlte mich vom Schlaf gestärkt, und nach dem, was ich am Vortag erlebt hatte, wäre es ziemlich schwierig gewesen, mich mit etwas zu verblüffen. Ich musste nur überlegen, wie ich weiter vorgehen würde.

Zuerst musste ich mich möglichst schnell und vollständig in meiner neuen Lage zurechtfinden. Am besten war es, beim Nächstliegenden zu beginnen und mich Schritt für Schritt zu entfernteren Dingen vorzutasten. Das Nächstliegende war das Sternschiff, seine Besatzung und die bevorstehende Reise. Der Mars war noch weit, mindestens zwei Monate entfernt, wie ich aus Mennis gestrigen Worten schloss.

Die äußere Form des Sternschiffs hatte ich schon am Abend betrachten können. Es war eine unten abgeflachte Kugel, in seiner Art ein Ei des Kolumbus – diese Form bietet das größte Fassungsvermögen bei kleinster Oberfläche, das heißt bei geringstem Materialverbrauch und Wärmeverlust.

Als Material überwogen offenbar Aluminium und Glas. Die Inneneinrichtung musste Menni mir zeigen und erklären, er musste mich auch mit all den anderen

»Wundertieren« bekannt machen, wie ich meine Reisegefährten im Stillen nannte.

Menni kam zurück und führte mich zu seinen Kameraden. Alle hatten sich in einem Raum versammelt, dessen eine Wandhälfte ein riesiges Kristallfenster einnahm. Nach dem gespenstischen Licht der elektrischen Lampen empfand ich das Sonnenlicht als sehr angenehm. An Bord waren zwanzig Marsmenschen, und alle hatten das gleiche Gesicht, wie mir damals schien.

Der fehlende Bartwuchs und die faltenlose Haut ließen beinahe keinen Altersunterschied erkennen. Unwillkürlich verfolgte ich Menni, um ihn inmitten dieser fremdartigen Wesen nicht aus den Augen zu verlieren. Bald konnte ich jedoch meinen nächtlichen Besucher Netti entdecken, der durch seine Jugend und Lebhaftigkeit auffiel, und von den anderen unterschied sich der breitschultrige Sterni, der mich durch seinen seltsam kalten, fast bösartigen Gesichtsausdruck befremdete.

Außer Menni unterhielt sich nur Netti russisch mit mir, weitere vier Männer sprachen französisch, die anderen englisch und deutsch, untereinander redeten sie in ihrer Muttersprache. Diese Sprache war klangvoll und schön, und die Aussprache bereitete keine Schwierigkeiten, wie ich mit Befriedigung feststellte.

5. Der Abflug

Wie interessant die Wundertiere auch waren, ich fieberte dem feierlichen Moment des Abflugs entgegen. Vor uns lag die verschneite Ebene, aus der in einiger Entfernung eine Granitwand emporragte. Ich erwartete einen scharfen Ruck, und all das würde schnell den Blicken entgleiten. Es war jedoch ganz anders.

Lautlos und ganz allmählich erhoben wir uns über den verschneiten See. Anfangs war der Aufstieg kaum merklich.

»Beschleunigung zwei Zentimeter«, sagte Menni.

Ich verstand, was das bedeutete. In der ersten Sekunde stiegen wir einen Zentimeter, in der zweiten drei, der dritten fünf, der vierten sieben Zentimeter, die Geschwindigkeit würde ständig nach dem Gesetz der arithmetischen Progression wachsen. In einer Minute würden wir das Tempo eines Fußgängers erreichen, nach einer Viertelstunde die Schnelligkeit eines D-Zugs usw.

Wir bewegten uns nach dem Fallgesetz, aber von unten nach oben und fünfhundertmal langsamer als ein gewöhnlicher schwerer Körper, der auf die Erdoberfläche fällt.

Das gläserne Fenster begann am Fußboden und bildete mit ihm einen stumpfen Winkel, es war ein Teil der kugelförmigen Außenfläche. Wenn wir uns vorbeugten, konnten wir daher auch sehen, was unter uns geschah.

Wir stiegen immer schneller, der Horizont erweiterte sich. Die dunklen Flecken der Felsen und Dörfer wurden kleiner, die Umrisse der Seen zeichneten sich wie auf einer Landkarte ab. Und der Himmel wurde immer dunkler; zur gleichen Zeit, als der blaue Streifen eisfreien Meeres den gesamten westlichen Gesichtskreis umfasste, konnten meine Augen bei mittäglichem Sonnenlicht schon die hellsten Sterne erkennen.

Die langsame Achsenumdrehung des Sternschiffs erlaubte uns, den gesamten Raum ringsumher zu überblicken.

Der Horizont schien sich mit uns zu erheben, und die Erdoberfläche sah aus wie eine gewölbte Untertasse mit reliefartigen Verzierungen. Die Konturen wurden feiner, das Relief flacher, die ganze Landschaft wirkte immer mehr wie eine Landkarte, deren Zeichnung in der Mitte deutlich zu sehen war und an den Rändern verschwamm. Dort war alles in bläulichen Nebel gehüllt. Der Himmel wurde völlig schwarz, und die zahllosen Sterne, bis zu den kleinsten, glänzten mit ruhigem, flimmerfreiem Licht, ohne die helle Sonne zu fürchten, deren Strahlen schmerzhaft blendeten.

»Sagen Sie, Menni, wird diese Beschleunigung von zwei Zentimetern, mit der wir uns jetzt bewegen, während der ganzen Reise beibehalten?«

»Ja«, antwortete er, »nur die Richtung wird in der Mitte unseres Weges verändert, die Geschwindigkeit wird dann nicht größer, sondern jede Sekunde um dieselbe Größe geringer. Obwohl die höchste Geschwindigkeit ungefähr fünfzig Kilometer in der Sekunde beträgt und die mittlere ungefähr fünfundzwanzig Kilometer, wird sie bei der Ankunft ebenso gering sein wie zu Beginn unserer Reise, und wir werden sanft auf dem Mars aufsetzen. Ohne diese riesigen veränderlichen Geschwindigkeiten hätten wir weder die Erde noch die Venus erreichen können, weil selbst deren nächste Entfernung zum Mars – sechzig und hundert Millionen Kilometer – beispielsweise mit einem Schnellzug nur im Verlaufe von Jahrhunderten bewältigt werden könnten und nicht innerhalb von Monaten wie mit unserem Sternschiff. Und was den ›Kanonenschuss‹ betrifft, von dem ich in Ihren utopischen Romanen gelesen habe, ist das einfach ein Scherz, weil es nach den Gesetzen der Mechanik praktisch dasselbe ist, ob man sich beim Abschuss innerhalb der Kugel befindet oder ob man von der Kugel getroffen wird.«

»Wie erreichen Sie eine so gleichmäßige Bremsung und Beschleunigung?«

»Unser Sternschiff wird von radioaktiver Materie angetrieben, die wir auf dem Mars in großer Menge gewinnen. Wir haben eine Methode gefunden, den Zerfall der Elemente hunderttausendfach zu forcieren; das geschieht in unseren Motoren mithilfe ziemlich einfacher elektrochemischer Verfahren. Auf diese Weise wird gewaltige Energie freigesetzt. Wie Ihnen bekannt ist, bewegen sich die Teilchen der zerfallenden Atome mit einer Geschwindigkeit, die diejenige von Artilleriegeschossen um das Zehntausendfache übertrifft. Wenn die Teilchen den Motor nur in einer Richtung verlassen können, das heißt durch einen Kanal mit undurchdringlichen Wänden fliegen, bewegt sich das Sternschiff nach dem Prinzip des Rückstoßes, den man auch bei einem Gewehr oder Geschütz beobachten kann. Nach den Ihnen bekannten Naturgesetzen können Sie sich leicht ausrechnen, dass die geringfügige Menge von einem Milligramm völlig ausreicht, um unser Sternschiff innerhalb einer Sekunde gleichmäßig zu beschleunigen.«

Während unseres Gesprächs hatten alle Marsmenschen den Raum verlassen. Menni schlug vor, das Frühstück in seiner Kajüte einzunehmen. Sie lag an der Wand des Sternschiffs und besaß ebenfalls ein großes Kristallfenster. Wir setzten unser Gespräch hier fort. Ich wusste, dass mir die neue, unbekannte Empfindung der Schwerelosigkeit bevorstand, und fragte Menni danach.

»Das stimmt«, sagte er, »denn obwohl uns die Sonne weiterhin anzieht, ist die Wirkung im freien Raum geringfügig. Der Einfluss der Erde wird morgen oder übermorgen ebenfalls nicht mehr zu spüren sein. Nur infolge der beständigen Beschleunigung wird 1/400 bis 1/500 unseres Körpergewichts erhalten bleiben. Beim ersten Flug gewöhnt man sich nicht leicht daran, obwohl die Umstellung sehr allmählich geschieht. Wenn Sie an Gewicht verlieren, nimmt Ihre Gewandtheit ab, Sie werden viele falsch berechnete Bewegungen machen. Das Vergnügen, fliegen zu können, wird Ihnen recht zweifelhaft vorkommen. Was Herzklopfen, Schwindelgefühl und sogar Übelkeit betrifft, die dabei auftreten, wird Sie Netti davon befreien. Es wird auch schwierig werden, mit Flüssigkeiten umzugehen, die beim geringsten Stoß aus den Gefäßen gleiten und überall als riesige Tropfen umherschweben. Aber bei uns ist alles sorgsam darauf ausgerichtet, solche Unannehmlichkeiten zu vermeiden. Möbel und Gefäße sind befestigt, Flüssigkeiten werden in verschlossenen Behältern aufbewahrt, überall sind Griffe und Riemen angebracht, an denen man sich notfalls festhalten kann. Überhaupt werden Sie sich daran gewöhnen, Zeit genug dazu haben Sie.«

Seit dem Abflug waren ungefähr zwei Stunden vergangen, und der Gewichtsverlust war schon spürbar, allerdings noch recht angenehm. Der Körper wurde leichter, die Bewegung freier. Die Atmosphäre hatten wir schon verlassen, aber das beunruhigte uns nicht, weil sich in unserem hermetisch abgeschlossenen Schiff ein ausreichender Vorrat an Sauerstoff befand. Der sichtbare Teil der Erdoberfläche wurde endgültig einer Landkarte ähnlich – jedoch mit verzerrtem Maßstab: größer in der Mitte, kleiner zum Horizont hin. Stellenweise verdeckten weiße Wolkenflecke die Sicht. Im Süden, hinter dem Mittelmeer, waren die Küsten Afrikas und Arabiens durch einen Dunstschleier recht deutlich erkennbar, im Norden verlor sich der Blick hinter Skandinavien in einer Wüste aus Schnee und Eis, nur die Felsen Spitzbergens hoben sich als dunkle Flecken ab. Im Osten begann hinter dem Ural, der teils von Schneeflecken bedeckt war, wiederum das Reich der weißen Farbe, nur hie und da mit einem grünlichen Schimmer, der zaghaft an die riesigen Nadelwälder Sibiriens erinnerte. Hinter den klaren Konturen Mitteleuropas hüllten sich die Umrisse Englands und Nordfrankreichs in Wolken. Ich vermochte das gigantische Bild nicht lange anzuschauen, da der Gedanke an die schreckliche Tiefe des Abgrunds, über dem wir uns befanden, in mir ein Gefühl hervorrief, das einer Ohnmacht ähnelte. Deshalb nahm ich das Gespräch mit Menni wieder auf.

»Sie sind der Kapitän dieses Sternschiffs, nicht wahr?«

Menni nickte und bemerkte: »Aber das bedeutet nicht, dass ich hier das besäße, was bei Ihnen Befehlsgewalt heißt. Ich habe einfach die größte Erfahrung beim Lenken von Sternschiffen, und meine Anweisungen werden ebenso befolgt, wie ich Sternis astronomische Berechnungen unbesehen akzeptiere oder wie wir uns alle nach Nettis medizinischen Ratschlägen richten, um unsere Gesundheit und Arbeitskraft zu erhalten.«

»Wie alt ist Doktor Netti? Mir kommt er sehr jung vor.«

»Das weiß ich nicht, sechzehn oder siebzehn Jahre«, antwortete Menni lächelnd.

Das hatte ich ebenfalls geschätzt. Über eine so frühe Gelehrsamkeit war ich jedoch verwundert.

»In dem Alter schon Arzt!« entfuhr es mir unwillkürlich.

»Fügen Sie hinzu: ein kenntnisreicher und erfahrener Arzt!« sagte Menni.

Bei unserem Gespräch hatte ich nicht bedacht – und Menni hatte es wohl absichtlich nicht erwähnt – dass ein Marsjahr fast doppelt so lang ist wie ein Erdenjahr. Der Mars umkreist die Sonne in 686 Erdentagen, Nettis sechzehn Lebensjahre kamen also dreißig Erdenjahren gleich.

6. Das Sternschiff

Nach dem Frühstück führte mich Menni durch das »Schiff«. Zuerst begaben wir uns in die Maschinenabteilung. Sie lag direkt auf dem abgeflachten Boden und bestand aus fünf Räumen, dem zentralen Raum mit dem Antriebsmotor und vier Nebenräumen. Im zentralen Raum waren auf allen vier Seiten runde Glasfenster in den Fußboden eingelassen, eines aus reinem Kristall, drei aus farbigem Glas unterschiedlicher Nuancen. Das Glas war drei Zentimeter dick und erstaunlich durchsichtig. Wir konnten jedoch nur einen Teil der Erdoberfläche sehen.

Den Hauptteil des Motors bildete ein Metallzylinder von drei Metern Höhe und einem halben Meter Durchmesser. Er bestand aus Osmium, einem sehr schwer schmelzbaren Edelmetall, das dem Platin verwandt ist, wie mir Menni erklärte. In diesem Zylinder wurde die radioaktive Materie gespalten; die rotglühenden, zwanzig Zentimeter dicken Wände zeugten von der Energie des Prozesses. Trotzdem war es im Raum nicht heiß, denn der gesamte Zylinder war von einer Hülle aus einer durchsichtigen Masse umgeben, die vorzüglich vor Hitze schützte, und oben war diese Hülle mit Röhren verbunden, durch die heiße Luft nach allen Seiten zur gleichmäßigen Heizung des Sternschiffs abgeleitet wurde.

Die übrigen Maschinenteile – elektrische Spulen, Akkumulatoren, Geräte mit Zifferblättern usw. – auf unterschiedliche Weise mit dem Zylinder verbunden, waren ringsherum in schöner Ordnung angebracht, und der diensthabende Maschinist sah sie dank einem Spiegelsystem alle zugleich, ohne aus seinem Sessel aufstehen zu müssen.

Die Nebenräume waren das »Observatorium«, der »Wasserraum«, der »Sauerstoffraum« und der »Rechenraum«. Im Observatorium bestanden Fußboden und Außenwand durchweg aus Kristall, einem geometrisch geschliffenen Glas von idealer Reinheit. Als ich Menni über einen Laufsteg folgte und direkt nach unten sah, erblickte ich nichts zwischen mir und dem Abgrund, der sich unter uns auftat – so durchsichtig war das Kristall. Ich musste die Augen schließen, weil mir schwindelte. Danach richtete ich meinen Blick nur auf die Instrumente zwischen dem Stegnetz. Sie standen auf komplizierten Stativen, die aus den Innenwänden und von der Decke in den Raum ragten. Das Hauptteleskop war ungefähr zwei Meter lang, besaß jedoch ein unproportional großes Objektiv von offenbar großer Stärke.

»Wir verwenden nur diamantene Okulare«, erklärte Menni, »das ergibt ein sehr weites Blickfeld.«

»Wie stark ist dieses Teleskop?« fragte ich.

»Damit erzielen wir eine deutliche sechshundertfache Vergrößerung«, antwortete Menni. »Wenn das nicht ausreicht, fotografieren wir den Ausschnitt und betrachten das Foto unter einem Mikroskop. Auf diese Weise erreichen wir faktisch ein Bild mit sechzigtausendfacher Vergrößerung, und das wegen des Fotografierens lediglich um Minuten verzögert.«

Menni schlug mir vor, durch das Teleskop die Erde zu betrachten. Er stellte selbst das Gerät ein.

»Die Entfernung beträgt jetzt ungefähr zweitausend Kilometer«, sagte er. »Erkennen Sie, was Sie sehen?«

Ich erkannte sogleich den Hafen einer skandinavischen Hauptstadt, die ich mehrmals im Parteiauftrag besucht hatte. Sogar die Dampfer an der Reede konnte ich sehen. Mit einer Hebelbewegung setzte Menni anstelle des Okulars die Kamera in das Teleskop. Nach wenigen Sekunden nahm er sie wieder heraus und trug sie zu einem großen Apparat, der sich als Mikroskop erwies.

»Wir entwickeln und fixieren die Aufnahme gleich im Mikroskop, ohne sie mit den Händen zu berühren«, erklärte er. Nach einigen Handgriffen, die höchstens eine halbe Minute dauerten, überließ er mir das Okular des Mikroskops. Ich erblickte mit so erstaunlicher Deutlichkeit einen mir bekannten Dampfer der Nordischen Schifffahrtsgesellschaft, als befände er sich wenige Dutzend Schritte von mir entfernt. Das Foto wirkte plastisch und hatte eine völlig natürliche Farbe. Auf der Kommandobrücke stand der ergraute Kapitän, mit dem ich mich mehrmals während meiner Reisen unterhalten hatte. Ein Matrose, der eine große Kiste auf das Deck hinunterließ, war gleichsam in seiner Pose erstarrt, ebenso wie ein Passagier, der ihm mit ausgestreckter Hand etwas zeigte. All das war zweitausend Kilometer entfernt.

Sternis Gehilfe, ein junger Marsmensch, betrat den Raum. Er musste die genaue Entfernung messen, die unser Sternschiff zurückgelegt hatte. Wir wollten ihn nicht bei der Arbeit stören und gingen in den »Wasserraum«. Dort befanden sich ein riesiger Behälter mit Wasser und große Apparate zu dessen Reinigung. Unzählige Rohre leiteten das Wasser aus dem Reservoir in das gesamte Sternschiff.

Im »Rechenraum« standen Maschinen und Geräte mit vielen Zifferblättern und Zeigern. An der größten Maschine arbeitete Sterni. Aus ihr glitt ein langes Band heraus, das offenbar die Ergebnisse von Sternis Berechnungen enthielt. Ich konnte jedoch mit den Zeichen auf dem Band und auf den Zifferblättern nichts anfangen.

Mich gelüstete nicht nach einer Unterhaltung mit Sterni. Um ihn nicht zu belästigen, betraten wir schnell den letzten Nebenraum.

Es war der »Sauerstoffraum«. Hier wurden die Sauerstoffvorräte in Form von fünfundzwanzig Tonnen chlorsaurem Kalium aufbewahrt, aus dem man bis zu zehntausend Kubikmeter Sauerstoff gewinnen konnte. Diese Menge reichte für mehrere Reisen vom Mars zur Erde und zurück. Etliche Apparate dienten zur Spaltung des Kaliums. Außerdem lagerten dort Baryt und Ätzkali, um die freiwerdende Kohlensäure zu binden, und Schwefelsäureanhydrid zum Binden der überflüssigen Feuchtigkeit und des flüchtigen Leukomains, jenes Stoffes, der beim Atmen ausgeschieden wird und schädlicher als Kohlensäure ist. Der Sauerstoffraum unterstand Doktor Netti.

Dann kehrten wir in den zentralen Maschinenraum zurück, aus dem wir uns mit einem Lift direkt in die oberste Etage begaben. Dort befand sich im zentralen Raum das zweite Observatorium, das dem unteren völlig glich, nur dass die kristallene Hülle oben und nicht unten war und die Instrumente größere Ausmaße besaßen. Aus diesem Observatorium konnte man die andere Hälfte der Himmelskugel mit dem »Zielplaneten« sehen. Seitwärts vom Zenit strahlte der Mars in seinem rötlichen Licht. Menni richtete das Teleskop auf ihn, und ich erkannte deutlich das Festland, die Meere und die Kanäle, wie sie auf Schiaparellis Karten abgebildet sind. Menni fotografierte den Planeten, und unter dem Mikroskop wurde ein deutliches Bild sichtbar. Ohne Mennis Erklärungen konnte ich jedoch nichts darauf verstehen. Die Flecken der Städte, Wälder und Seen unterschieden sich lediglich durch unmerkliche Einzelheiten voneinander.

»Wie groß ist die Entfernung bis zum Mars?« fragte ich.

»Ungefähr hundert Millionen Kilometer.«

»Und warum befindet sich der Mars nicht in der Mitte der Kuppel? Fliegen wir nicht direkt auf ihn zu, sondern steuern ihn von der Seite an?«

»Ja, anders ist es nicht möglich. Beim Abflug behalten wir unter anderem aufgrund des Trägheitsgesetzes die Geschwindigkeit des Erdumlaufs um die Sonne – dreißig Kilometer in der Sekunde. Der Mars hat nur eine Geschwindigkeit von vierundzwanzig Kilometern, und wenn wir in einer geraden Linie zwischen beiden Umlaufbahnen flögen, würden wir mit sechs Kilometern pro Sekunde auf die Marsoberfläche stürzen. Deshalb müssen wir einen Umweg wählen, auf dem die überflüssige Geschwindigkeit ausgeglichen wird.«

»Wie lang ist dann unser Weg?«

»Ungefähr hundertsechzig Millionen Kilometer, wofür wir mindestens zweieinhalb Monate brauchen.«

Wäre ich kein Mathematiker gewesen, hätten mir diese Zahlen nichts bedeutet. So erweckten sie jedoch in mir ein Gefühl, das einem Albdruck ähnelte, und ich beeilte mich, das Observatorium zu verlassen.

Die sechs Nebenräume des oberen Segments, welche das Observatorium kreisförmig umgaben, waren völlig fensterlos, und ihre Decke bog sich bis zum Fußboden. An der Decke befanden sich große Vorräte an Minus-Materie, durch die das Gewicht des Sternschiffs aufgehoben wurde.

Die beiden mittleren Etagen enthielten Gemeinschaftsräume, Laboratorien, Kajüten, Badezimmer, die Bibliothek und den Gymnastikraum.

Netti wohnte neben meiner Kajüte.

7. Die Menschen

Der Gewichtsverlust wurde immer spürbarer. Das Gefühl der Leichtigkeit war nicht mehr angenehm. Dazu kamen Unsicherheit und eine vage Unruhe. Ich ging in meine Kajüte und legte mich ins Bett.

Zwei Stunden in entspannter Lage bei angestrengtem Nachdenken ließen mich einschlafen. Als ich erwachte, saß Netti an meinem Tisch. Mit einer recht heftigen Bewegung erhob ich mich und schlug, wie von einer unsichtbaren Kraft emporgeschleudert, mit dem Kopf an die Decke.

»Wer weniger als zwanzig Pfund wiegt, sollte vorsichtiger sein«, bemerkte Netti in gutmütig-philosophischem Ton.

Er war gekommen, um mir alle notwendigen Hinweise über die »Seekrankheit« zu geben, die bei mir wegen der Schwerelosigkeit begann. In der Kajüte war eine Klingel zu seinem Zimmer, mit der ich ihn rufen konnte, falls ich seiner Hilfe bedurfte.

Ich nutzte die Gelegenheit, um mich mit dem jungen Arzt zu unterhalten. Mich zog es unwillkürlich zu diesem sympathischen, hochgebildeten, aber auch sehr fröhlichen Burschen. Ich fragte ihn, warum von allen Besatzungsmitgliedern außer Menni allein er meine Muttersprache beherrsche.

»Das ist sehr einfach«, erklärte er. »Als wir einen Menschen suchten, nahm mich Menni mit in Ihr Land, und wir verbrachten dort über ein Jahr, bis wir Sie gefunden hatten.«

»Das heißt, andere ›suchten‹ in anderen Ländern?«

»Natürlich, bei allen wichtigen Völkern der Erde. Aber wie Menni vorausgesehen hatte, konnten wir am ehesten in Ihrem Land erfolgreich sein, weil dort das Leben am kraftvollsten und deutlichsten voranschreitet und die Menschen am weitesten vorausblicken. Als wir unseren Menschen gefunden hatten, benachrichtigten wir unsere Kameraden, sie kamen aus allen Ländern zurück, und nun fliegen wir heim.«

»Was meinen Sie eigentlich damit, wenn Sie sagen, dass Sie ›einen Menschen gesucht, einen Menschen gefunden‹ hätten? Es ging doch um eine Person, die sich für eine bestimmte Rolle eignen würde, wie mir Menni erklärt hat. Für mich ist es sehr schmeichelhaft, dass Sie mich ausgewählt haben, doch ich möchte gern wissen, wie ich zu dieser Ehre komme.«

»Das kann ich Ihnen sagen. Wir brauchten einen Menschen, der gesund, intelligent, aufgeschlossen und arbeitsam ist. Es durfte kein Individualist sein, und ihn sollte möglichst wenig Privates an die Erde binden. Unsere Physiologen und Psychologen meinen, der Übergang von den Lebensbedingungen Ihrer Gesellschaft, die durch ewigen Kampf zerrissen ist, zu den Bedingungen unserer organisierten – oder, wie Sie sagen – sozialistischen – Ordnung, sei für einen einzelnen Menschen sehr schwierig und erfordere besonders günstige Anlagen. Menni fand Sie von allen am besten geeignet.«

»Und Mennis Meinung genügte Ihnen allen?«

»Ja, wir vertrauen seiner Urteilskraft. Er ist ein Mann von überdurchschnittlichen Geistesgaben, und er irrt sich sehr selten. Zudem besitzt er von uns die meisten Erfahrungen im Umgang mit Erdenmenschen, denn er hat als erster Kontakte aufgenommen.«

»Hat er herausgefunden, wie man zu anderen Planeten fliegen kann?«

»Nein, das ist das Werk vieler, nicht eines einzelnen. Die Minus-Materie ist schon vor mehreren Jahrzehnten hergestellt worden. Aber anfangs waren es nur winzige Mengen, und es bedurfte der Anstrengungen vieler Forscher, um ein Verfahren zur Produktion in großem Maßstab zu finden. Danach mussten die Fördertechnik und die Verfahren zur Spaltung radioaktiver Stoffe vervollkommnet werden, um einen passenden Motor für Sternschiffe zu entwickeln. Das bedurfte ebenfalls großer Anstrengungen. Viele Schwierigkeiten ergaben sich aus den Bedingungen im interplanetaren Raum, wo die schreckliche Kälte und die sengende Sonnenhitze nicht von einer Lufthülle gemildert werden. Die Berechnung der Flugbahn war ebenfalls nicht leicht, dabei traten Fehler auf. Kurz – bei früheren Expeditionen zur Erde sind alle Teilnehmer umgekommen, bis es Menni gelang, den ersten erfolgreichen Flug zu unternehmen. Und nun, wo wir seine Methoden nutzen, sind wir unlängst sogar zur Venus vorgedrungen.«

»Dann ist Menni ein wahrhaft großer Mann«, bemerkte ich.

»Ja, wenn Sie einen Menschen, der viel und gut gearbeitet hat, so bezeichnen wollen.«

»Das meinte ich nicht. Viel und gut arbeiten kann jeder Mensch. Menni ist offensichtlich etwas ganz anderes: Er ist ein Genie, ein schöpferischer Mensch, der Neues schafft und die Menschheit vorwärts bringt.«

»Wir denken anders darüber. Jeder Arbeiter ist ein schöpferischer Mensch, denn in jedem Arbeiter wirken Menschheit und Natur. Steht Menni nicht die gesamte Erfahrung vorangegangener Generationen und zeitgenössischer Forscher zu Gebote, und ist er nicht bei jedem Schritt in seiner Arbeit von dieser Erfahrung ausgegangen? Und stammen nicht seine Ideen von der

Natur selbst? Gehen vom Kampf der Menschheit mit der Natur nicht alle Anreize zum Forschen aus? Jeder Mensch ist eine Persönlichkeit, aber sein Werk ist unpersönlich. Früher oder später stirbt er mit seinen Freuden und Leiden – doch sein Werk bleibt im grenzenlos wachsenden Leben. Darin besteht kein Unterschied zwischen den einzelnen Arbeitern, unterschiedlich ist lediglich die Größe dessen, was sie geschaffen haben, und dessen, was im Leben bleibt.«

»Aber der Name eines Mannes wie Menni stirbt nicht mit seinem Körper und bleibt im Gedächtnis der Menschheit bewahrt, während zahllose andere Namen spurlos verschwinden.«

»Der Name jedes Menschen bleibt erhalten, solange diejenigen leben, die ihn geliebt und gekannt haben. Aber die Menschheit braucht kein totes Symbol einer Persönlichkeit, wenn diese nicht mehr da ist. Unsere Wissenschaft und unsere Kunst bewahren ganz unpersönlich, was von allen geschaffen wurde. Namen der Vergangenheit sind für das Gedächtnis der Menschheit nutzloser Ballast.«

»Sie mögen Recht haben, aber unser Gefühl empört sich gegen eine solche Logik. Für uns sind die Namen von Größen des Geistes und der Tat lebendige Symbole, ohne die unsere Wissenschaft, unsere Kunst und unser gesamtes gesellschaftliches Leben nicht auskommen. Im Kampf der Kräfte und Ideen sagt ein Name oft mehr als eine abstrakte Losung. Und die Namen von Genies sind kein nutzloser Ballast für unser Gedächtnis.«

»Bei Ihnen ist eben das Werk der Menschheit noch kein einheitliches, gemeinsames Werk. In Illusionen zersplittert, die im Kampf zwischen einzelnen Menschen entstehen, erscheint es als Werk von Menschen und nicht als Werk der Menschheit. Mir ist es auch schwergefallen, Ihren Standpunkt zu begreifen.«

»So oder so, Unsterbliche gibt es nicht auf unserem Sternschiff. Doch die Sterblichen sind wahrscheinlich die Exzellentesten, nicht wahr? Sie gehören sicher zu denen, die ›viel und gut gearbeitet haben‹, wie Sie sich ausdrücken?«

»Das mag sein. Menni hat die Mannschaft unter vielen Tausenden ausgewählt, die mitfliegen wollten.«

»Und der Größte nach ihm ist wohl Sterni?«

»Ja, wenn Sie unbedingt die Menschen messen und miteinander vergleichen wollen. Sterni ist ein bedeutender Gelehrter, allerdings auf einem ganz anderen Gebiet als Menni. Er ist ein Mathematiker, wie es wenige gibt. Eine ganze Reihe von Fehlern in den Berechnungen, nach denen alle vorigen Expeditionen zur Erde geflogen sind, ist von Sterni entdeckt worden, und er hat bewiesen, dass jeder einzelne Fehler genügte, um das Unternehmen scheitern zu lassen. Er hat neue Methoden für solche Berechnungen gefunden, und bisher haben sich seine Ergebnisse als richtig erwiesen.«

»Sie bestätigen den Eindruck, den ich von Sterni habe. Trotzdem – ich verstehe es selber nicht, warum sein Anblick in mir bange Gefühle weckt, eine unerklärliche Unruhe, eine geradezu grundlose Antipathie. Doktor Netti, wissen Sie eine Erklärung dafür?«

»Sehen Sie, Sterni ist sehr klug, aber ein Mann mit kühlem und vor allem analytischem Verstand. Er zergliedert alles, unerbittlich und konsequent, und seine Schlussfolgerungen sind oft einseitig, manchmal sogar zu streng, weil die Analyse der Teile nicht ein Ganzes ergibt, sondern weniger als ein Ganzes. Sie wissen, dass das Ganze stets mehr ist als die Summe seiner

Teile; die menschliche Gesellschaft beispielsweise ist mehr als eine Ansammlung von Individuen. Sterni ist also kaum imstande, Stimmungen und Gedanken anderer Menschen zu erfassen. Er wird Ihnen stets gern helfen, wenn Sie sich an ihn wenden, aber er wird nie spüren, ob Sie etwas brauchen. Daran hindert ihn natürlich auch der Umstand, dass er fast immer in seine Arbeit vertieft ist, sein Kopf ist ständig voll von irgendwelchen schwierigen Aufgaben. Menni ist ganz anders, er sieht immer alles, was um ihn herum geschieht, und manchmal weiß er sogar besser als ich, was ich will, was mich beunruhigt, was mein Verstand und mein Gefühl suchen.«

»Dann muss sich Sterni uns Erdenmenschen gegenüber ziemlich feindselig verhalten. Wir sind schließlich voller Widersprüche und Unzulänglichkeiten.«

»Feindselig? Nein, dieses Gefühl ist ihm fremd. Aber er ist wohl skeptischer als notwendig. Sterni hatte erst ein halbes Jahr in Frankreich verbracht, da telegrafierte er Menni: ›Hier brauchen wir nicht zu suchen.‹

Vielleicht hatte er Recht, denn auch Letta hat dort keinen geeigneten Menschen gefunden. Aber Sterni beurteilt die bedeutenden Menschen dieses Landes viel rigoroser als Letta, und natürlich sind Sternis Charakteristiken viel einseitiger, obwohl sie nichts direkt Falsches enthalten.«

»Wer ist Letta, den Sie eben erwähnt haben? Ich erinnere mich nicht an ihn.«

»Ein Chemiker, ein Gehilfe Mennis. Er ist der Älteste auf dem Sternschiff. Zu ihm werden Sie leicht Kontakt finden, und das wird Ihnen sehr nützen. Letta hat eine weiche Natur und besitzt viel Verständnis für fremde Seelen, obwohl er kein Psychologe ist wie Menni. Gehen Sie zu ihm ins Labor, er wird sich darüber freuen und Ihnen viel Interessantes zeigen.«

Da fiel mir ein, dass wir uns schon weit von der Erde entfernt hatten. Ich wollte meine Heimat noch einmal sehen. Wir begaben uns in einen Nebenraum mit großen Fenstern.

»Fliegen wir nicht am Mond vorbei?« fragte ich Netti.

»Nein, der Mond liegt weit abseits von unserer Bahn, und das ist schade. Ich hätte den Mond auch gern näher betrachtet. Von der Erde aus kam er mir so merkwürdig vor. Groß, kalt, behäbig, rätselhaft still, ganz und gar nicht wie unsere beiden kleinen Monde, die am Himmel dahineilen und rasch ihr Antlitz verändern wie lebhafte, launische Kinder. Allerdings ist Ihr Mond viel heller und sein Licht recht angenehm. Heller ist bei Ihnen auch die Sonne, hier sind Sie von der Natur bevorzugt. Ihre Welt ist doppelt so hell wie unsere, deshalb brauchen Sie auch nicht solche riesigen Augen, um die schwachen Strahlen einzufangen.«

Wir saßen am Fenster. Die Erde erschien in der Ferne als gigantische Sichel. Zu erkennen waren der Westen Amerikas, der Nordosten Asiens und ein Teil des Stillen Ozeans als trüber Fleck und des Nördlichen Eismeers als heller Fleck.

Der gesamte Atlantische Ozean und die Alte Welt lagen im Dunkeln und waren nur hinter dem verschwommenen Sichelrand zu erraten, weil der unsichtbare Teil der Erde die Sterne als ein Stück schwarzer Himmel verdeckte. Unsere Flugbahn und die Erdumdrehung hatten diesen Bildwechsel bewirkt.

Ich schaute hinüber, und mir wurde traurig zumute, weil ich nicht mein Heimatland sah, wo es so viel Kampf und Leiden gab, wo ich noch tags zuvor in den

Reihen der Genossen gestanden hatte und wo jetzt auf meinem Platz ein anderer stehen musste. In meiner Seele regten sich Zweifel.

»Dort unten wird Blut vergossen«, sagte ich, »und hier befindet sich ein Revolutionär in der Rolle eines stillen Beobachters.«

»Das Blut wird um einer besseren Zukunft willen vergossen«, erwiderte Netti, »aber für den Kampf selbst muss man die bessere Zukunft auch kennen. Wegen dieser Aufgabe sind Sie hier.«

In unwillkürlicher Rührung drückte ich Nettis kleine, fast kindliche Hand.

8. Die Annäherung

Die Erde entfernte sich immer mehr, und als ob sie vor Trennungsschmerz abmagerte, verwandelte sie sich in eine mondartige Sichel, die von der winzigen Sichel des echten Mondes begleitet wurde. Gleichzeitig wurden wir alle im Sternschiff zu fantastischen Akrobaten, die ohne Flügel bequem im Raum umherfliegen konnten, in waagerechter, senkrechter oder schräger Lage, ganz nach Belieben. Allmählich wurde ich mit meinen neuen Kameraden näher bekannt, und ich fühlte mich freier.

Schon am zweiten Tag nach dem Abflug (wir behielten diese Zeitrechnung bei, obwohl es für uns keine echten Tage und Nächte mehr gab) zog ich mir aus eigenem Antrieb einen Marsanzug an, um weniger aufzufallen. Allerdings gefiel mir dieser Anzug auch, er war einfach, bequem, ohne alle nutzlosen konventionellen Teile wie Krawatte und Manschetten, und er bot größte Bewegungsfreiheit. Die einzelnen Teile waren durch Verschlüsse miteinander verbunden, sodass sich die Ärmel oder das Oberteil leicht abknöpfen und ausziehen ließen, wenn man das wollte. Die Manieren meiner Mitreisenden ähnelten diesem Anzug: Einfachheit, Verzicht auf alles Überflüssige und Konventionelle. Sie begrüßten und verabschiedeten sich niemals, dankten nicht, zogen ein Gespräch nicht aus Höflichkeit in die Länge, wenn das Wesentliche gesagt war, zugleich gaben sie mit großer Geduld jede gewünschte Erklärung, wobei sie sich meinem Auffassungsvermögen anpassten und meine Mentalität berücksichtigten, wie fremd sie ihnen auch sein mochte.

Selbstverständlich begann ich vom ersten Tag an, die Marssprache zu erlernen, und alle übernahmen mit größter Bereitwilligkeit die Rolle eines Lehrers, am häufigsten von allen Netti. Die Sprache ist sehr originell, und trotz der einfachen Grammatik und Wortbildung gibt es in ihr Besonderheiten, die mir schwer eingingen. Die Regeln kennen überhaupt keine Ausnahme, man unterscheidet keine männlichen, weiblichen und sächlichen Substantive, alle Bezeichnungen von Gegenständen und Eigenschaften aber werden nach Zeitformen abgewandelt.

»Welchen Sinn haben diese Formen?« fragte ich Netti.

»Begreifen Sie das nicht? In Ihren Sprachen kennzeichnen Sie Substantive als männlich und weiblich, was sehr unwichtig ist und bei unbelebten Gegenständen sogar ziemlich komisch wirkt. Um wie viel wichtiger ist der Unterschied zwischen Gegenständen, die existieren, und anderen, die es nicht mehr gibt oder die erst entstehen sollen. Die Russen halten ein Haus für einen Mann, und ein Boot für eine Frau, bei den Franzosen ist es umgekehrt – und der Gegenstand selbst ändert sich nicht im Mindesten. Aber wenn Sie von einem Haus sprechen, das abgebrannt ist oder das Sie bauen wollen, gebrauchen Sie das Wort in derselben Form, in der Sie von dem Haus sprechen, in dem Sie wohnen. Gibt es denn einen größeren Unterschied als zwischen einem Menschen, der lebt, und einem Menschen, der gestorben ist? Sie brauchen Wörter und ganze Sätze, um diesen Unterschied auszudrücken – ist es nicht besser, das einfach zu kennzeichnen, indem man einen Buchstaben an das Wort anfügt?«

Mit meinem Gedächtnis war Netti zufrieden, und da die Lehrmethode meiner Mentoren vorzüglich war, verstand ich bald die Marssprache. Das half mir, meinen Reisegefährten näher zu kommen – ich bewegte mich mit immer größerer Sicherheit im Sternschiff, ging in die Kajüten und Laboratorien und fragte nach allem, was mich bewegte.

Sternis Gehilfe, der junge Astronom Enno, ein munterer und fröhlicher Bursche, war fast noch ein Kind. Er zeigte mir viele interessante Dinge, wobei er sich nicht so sehr an den Messungen und Formeln begeisterte, die er wie ein echter Meister beherrschte, als vielmehr an der Schönheit der beobachteten Himmelskörper. Mir war wohl ums Herz bei dem jugendlichen Astronomen und Poeten, und das natürliche Bedürfnis, sich im Weltraum zu orientieren, ließ mich viel Zeit bei Enno und seinen Teleskopen verbringen.

Einmal zeigte mir Enno den winzigen Planeten Eros, dessen Umlaufbahn teils zwischen Erde und Mars verläuft und teils im Gebiet der Asteroiden liegt. Obwohl der Eros einhundertfünfzig Millionen Kilometer von uns entfernt war, ähnelte die Fotografie unter dem Mikroskop einer Mondkarte. Natürlich ist der Eros ebenso öde wie der Mond.

Ein andermal fotografierte Enno einen Meteoritenschwarm, der mehrere Millionen Kilometer entfernt an uns vorbeizog. Die Aufnahme zeigte verständlicherweise nur ein Nebelgebilde. Bei der Gelegenheit erzählte mir Enno, dass ein Sternschiff, das zur Erde fliegen wollte, in einen solchen Schwarm geraten war. Die Astronomen, die das Sternschiff durch die stärksten Teleskope verfolgten, hatten nur gesehen, wie sein elektrisches Licht erlosch.

»Wahrscheinlich haben mehrere Meteoriten mit riesiger Geschwindigkeit die Wände des Sternschiffs durchbohrt. Die Luft ist ausgeströmt, und die Weltraumkälte hat die bereits toten Körper der Besatzung gefroren. Jetzt fliegt dieses Sternschiff auf einer Kometen-Umlaufbahn, es entfernt sich von der Sonne, und das Ende dieses Gespensterschiffs voller Leichen ist ungewiss.«

Bei diesen Worten drang die Kälte der ätherischen Wüsten bis in mein Herz. Mir wurde bewusst, dass unser Sternschiff eine winzige bewohnte Insel inmitten eines grenzenlosen toten Ozeans war. Ohne jeglichen Halt bewegte sie sich mit schwindelerregender Schnelligkeit durch die schwarze Leere. Enno erriet meine Gedanken.

»Menni ist ein verlässlicher Steuermann«, sagte er, »und Sterni macht keine Fehler. Und der Tod ... Sie sind ihm in Ihrem Leben wahrscheinlich schon begegnet ... ist nur der Tod, nicht mehr.«

Sehr bald sollte die Stunde kommen, in der ich mich unter quälendem seelischem Schmerz an diese Worte erinnern würde.

Der Chemiker Letta war ein besonders sanfter und feinsinniger Mensch. Wie Netti gesagt hatte, besaß er enorme Kenntnisse auf einem Gebiet, das mich fesselte – dem Bau der Materie. Allein Menni war noch kompetenter als Letta, aber ich bemühte mich, diesen großen Mann nicht zu behelligen, da seine Zeit zu kostbar für die Wissenschaft wie für die Expedition war, als dass ich das Recht besessen hätte, ihn von seiner Arbeit abzuhalten. Der gutmütige alte Letta zeigte angesichts meiner Unwissenheit eine schier unerschöpfliche Geduld; mit größter Liebenswürdigkeit und sogar sichtbarer Zufriedenheit erklärte er mir die Anfangsgründe seines Fachs so, dass ich mich niemals geniert fühlte.

Letta hielt für mich als einzigen Hörer eine Reihe von Vorlesungen, in denen er den Bau der Materie behandelte. Die Ausführungen wurden stets mit Experimenten illustriert. Viele hierhergehörende Versuche musste er jedoch auslassen, da sie in Form einer Explosion verlaufen wären.

Einmal kam Menni während eines solchen Vortrags ins Laboratorium. Letta hatte gerade ein sehr interessantes Experiment beschrieben und wollte es nun demonstrieren.

»Seien Sie vorsichtig«, warnte ihn Menni. »Dieses Experiment hat bei mir einmal ungut geendet. Wenn der Stoff, den Sie zerlegen, nur die kleinste Unreinheit aufweist, kann er beim Erhitzen explodieren.«

Letta wollte auf das Experiment verzichten, aber Menni, der mir gegenüber stets entgegenkommend war, bot seine Hilfe an. Beide prüften sorgfältig den Stoff, und das Experiment gelang vortrefflich.

Am nächsten Tag wollte Letta mit dem gleichen Stoff experimentieren. Er nahm ihn aus einem anderen Behälter. Als er die Retorte ins Elektrobad stellte, sagte ich ihm das. Beunruhigt ging er zu dem Schrank mit den Reagenzien, schaltete jedoch das Elektrobad nicht aus. Es stand auf einem Tisch an der Wand, die gleichzeitig die Außenwand des Sternschiffs war.

Plötzlich ertönte ein betäubendes Krachen, gefolgt von einem durchdringenden Pfeifen und metallischem Klirren. Wir wurden beide an die Schranktür geschleudert. Die gewaltige Kraft eines Hurrikans zog mich zur Außenwand. Automatisch packte ich einen Griff, der am Schrank befestigt war, und hing nun, vom Luftstrom gehalten, waagerecht. Letta erging es ebenso.

»Halten Sie sich fest«, rief er mir zu. In dem Rauschen hörte ich seine Stimme kaum. Schneidende Kälte durchdrang meinen Körper.

Letta blickte sich schnell um. Sein Gesicht war totenbleich, aber die Fassungslosigkeit verwandelte sich rasch in klares Denken und feste Entschlossenheit. Er sagte nur zwei Worte – ich konnte sie nicht hören, erriet aber, dass das ein Abschied für immer war – und seine Hände lösten sich vom Griff.

Ein dumpfer Schlag, und das Heulen des Hurrikans verstummte. Ich spürte, dass ich den Griff loslassen konnte, und blickte mich um. Der Tisch war zertrümmert, und Letta stand steif da, den Rücken an die Wand gepresst. Seine Augen waren weit geöffnet, das Gesicht war erstarrt. Ich sprang zur Tür und öffnete sie. Ein Schwall warmer Luft warf mich zurück. Eine Sekunde später kam Menni ins Laboratorium und ging schnell zu Letta.

Bald war der Raum voller Menschen. Netti schob alle beiseite und stürzte zu Letta. Alle umringten uns in aufgeregtem Schweigen.

»Letta ist tot«, sagte Menni. »Durch die Explosion wurde die Außenwand durchschlagen, und Letta hat das Loch mit seinem Körper abgedeckt. Der Luftdruck hat die Lungen zerrissen, der Tod ist sofort eingetreten. Letta hat unseren Gast gerettet – sonst wären beide gestorben.« Netti schluchzte leise.

9. Die Vergangenheit

Nach dem Unglück verließ Netti mehrere Tage nicht seine Kajüte, und in Sternis Augen bemerkte ich manchmal Hass. Zweifellos war meinetwegen ein bedeutender Gelehrter umgekommen; Sternis mathematischer Verstand musste wohl den Wert des verlorenen Lebens mit dem des geretteten vergleichen. Menni blieb unverändert freundlich und verdoppelte sogar seine Fürsorge um mich, ebenso verhielten sich Enno und alle anderen.

Ich trieb beflissen meine Sprachstudien, und einmal bat ich Menni, mir ein Buch über die Geschichte der Marsmenschen zu geben. Menni war von diesem Einfall sehr angetan und brachte mir ein Lehrbuch, in dem Kindern die Weltgeschichte dargelegt wurde.

Mit Nettis Hilfe begann ich, das Buch zu lesen und zu übersetzen. Mich erstaunte die Kunst, mit der der unbekannte Verfasser die allgemeinsten, abstraktesten Begriffe und Schemen illustriert und veranschaulicht hatte. Die Dinge wurden nach einem logischen System mit solcher Folgerichtigkeit dargestellt, wie es kein irdischer Schriftsteller in einem populärwissenschaftlichen Kinderbuch gewagt hätte.

Das erste Kapitel hatte geradezu philosophischen Charakter, es behandelte das Weltall als einheitliches Ganzes, das alles in sich birgt und alles durch sich erklärt. Das erinnerte mich lebhaft an die Werke des Arbeiter-Philosophen, der auf einfache und naive Weise als Erster die Grundlagen der proletarischen Naturphilosophie entworfen hatte.

Im folgenden Kapitel wurde die unermesslich ferne Zeit behandelt, als sich im Weltall noch keine der uns bekannten Formen gebildet hatten, als im grenzenlosen Raum Chaos herrschte. Der Verfasser schilderte, wie sich die ersten formlosen Ansammlungen von unfassbar feiner, chemisch nicht zu bestimmender Materie absonderten. Diese Ansammlungen dienten als Keime gigantischer Sternenwelten, darunter unserer Milchstraße mit zwanzig Millionen Fixsternen, von denen unsere Sonne einer der kleinsten ist.

Die Materie konzentrierte sich, ging zu immer festeren Verbindungen über und nahm die Form chemischer Elemente an; gleichzeitig zerfielen die ursprünglichen, formlosen Bildungen, und aus ihnen entstanden gasförmige Nebel, wie man sie noch heute durch ein Teleskop zu Tausenden sehen kann. Die Entwicklungsgeschichte dieser Gasnebel, die Bildung von Sonnen und Planeten wurde wie in unserer Kant-Laplace'schen Theorie dargestellt, allerdings mit größerer Bestimmtheit und mit mehr Einzelheiten.

Verwundert fragte ich Menni; »Halten Sie es für richtig, Kindern diese allgemeinen und abstrakten Ideen anzubieten, diese blassen Weltbilder, die dem Leben so fern sind? Wird das kindliche Gehirn nicht mit leeren Begriffen belastet?«

»Wir unterrichten die Schüler nicht gleich nach Büchern«, antwortete Menni. »Ein Kind schöpft seine Kenntnisse erst aus der lebendigen Beobachtung der Natur und aus dem lebendigen Umgang mit anderen Menschen. Bevor ein Kind zu einem solchen Buch greift, hat es schon viele Exkursionen gemacht und verschiedenartige Bilder der Natur gesehen, es kennt viele Pflanzen- und Tierarten, kann mit Teleskopen, Fotoapparaten, Phonographen und Mikroskopen umgehen, hat von älteren Kindern, von Erziehern und erwachsenen Freunden viel über Vergangenes und Entferntes gehört. Ein Buch wie dieses soll lediglich Kenntnisse zusammenfassen und festigen, indem es allenfalls Lücken ausfüllt und den weiteren Lernweg andeutet. Dabei muss die Idee vom Ganzen stets mit aller Deutlichkeit hervortreten, sie muss sich von Anfang bis Ende durchziehen und darf sich nie in Einzelheiten verlieren. Den ganzheitlichen Menschen muss man schon im Kind schaffen.«

Das alles war für mich sehr ungewohnt, aber ich fragte Menni nicht ausführlicher danach, denn ohnehin würde ich Marskinder und ihr Erziehungssystem kennenlernen. Ich las weiter in meinem Buch.

In den folgenden Kapiteln wurde die Geschichte des Planeten dargestellt. Obwohl alles sehr kurz beschrieben wurde, gab es ständig Vergleiche mit der Erde und der Venus. Bei aller Gleichartigkeit der drei Wandelsterne besteht ein wesentlicher Unterschied darin, dass der Mars doppelt so alt wie die Erde und fast viermal älter als die Venus ist. Auch das Alter der Planeten wurde angegeben, ich weiß es noch genau, aber ich werde es hier nicht nennen, um unsere Gelehrten nicht zu erzürnen. Sie haben ganz andere Vorstellungen davon.

Es folgte die Geschichte des Lebens. Beschrieben wurden die ursprünglichen Verbindungen, komplizierte Zyanderivate, die schon viele Eigenschaften des Lebens besaßen, ohne echte lebende Materie zu sein. Es wurden die Umstände dargestellt, unter denen diese chemischen Verbindungen entstehen konnten. Es wurde erklärt, warum solche Stoffe erhalten blieben und sich unter beständigeren, jedoch weniger flexiblen Verbindungen anhäuften. Schritt für Schritt wurde die Weiterentwicklung und Differenzierung dieser chemischen Keime jeglichen Lebens verfolgt, bis hin zur Bildung echter lebender Zellen, mit denen das Reich der Einzeller begann.

Zum Veranschaulichen wählte man das Bild eines Stammbaums mit verschiedenen Abzweigungen: von den Einzellern zu höheren Pflanzen einerseits, zum

Menschen andererseits. Beim Vergleich mit der irdischen Entwicklungslinie zeigte sich, dass auf dem Weg von der Urzelle zum Menschen die ersten Kettenglieder fast gleichartig waren, auch der Unterschied auf den letzten Stufen war unwesentlich, dagegen gab es in der Mitte bedeutend mehr Abweichungen. Das kam mir äußerst seltsam vor.

»Soviel ich weiß, ist dieses Problem noch nicht erforscht worden«, erklärte mir Netti. »Schließlich wussten wir vor zwanzig Jahren noch nicht, wie die höheren Lebewesen auf der Erde aussehen, und wir waren selbst sehr erstaunt, als wir solche Ähnlichkeiten mit uns vorfanden. Offenbar ist die Zahl möglicher höherer Typen nicht allzu groß, und auf Planeten, die einander so ähneln wie die unseren, konnte die Natur bei gleichartigen Bedingungen dieses Maximum des Lebens nur auf die eine Weise hervorbringen.«

Menni ergänzte: »Der höchste Typus, der einen Planeten beherrscht, drückt am vollständigsten alle Bedingungen seiner Welt aus, während die Zwischenstadien, die nur einen Teil ihrer Umwelt erfassen, diese Bedingungen partiell und einseitig ausdrücken. Deshalb müssen die höheren Formen einander bei gleichen Bedingungen ähneln, während die Zwischenstufen schon wegen ihrer Einseitigkeit mehr Raum für Unterschiede haben.«

Während meines Studiums war mir aus einem völlig anderen Grund der Gedanke gekommen, dass die Anzahl möglicher höherer Typen begrenzt sei: Die Augen der Kraken, der höchsten Organismen eines ganzen Entwicklungszweiges, besitzen eine ungewöhnliche Ähnlichkeit mit den Augen der Wirbeltiere, obwohl Herkunft und Entwicklung der Sehorgane ganz unterschiedlich sind, sogar die einander entsprechenden Gewebeschichten sind in umgekehrter Reihenfolge angeordnet.

Wie auch immer, eines war unbezweifelbar: Auf dem Mars lebten Menschen, die uns ähnelten, und ich musste mich weiterhin mit ihrem Leben und ihrer Geschichte befassen.

Auch die historischen Zeiten und vor allem die Anfangsphasen menschlichen Lebens auf Erde und Mars glichen einander sehr. Die gleichen Formen der Gentil-Gesellschaft, das gleiche abgesonderte Leben einzelner Menschengruppen, die gleiche Entwicklung von Kontakten durch Tauschhandel. Dann trennten sich die Wege, wenn auch nicht grundlegend.

Der Verlauf der Geschichte auf dem Mars war sanfter und einfacher als auf der Erde. Es gab natürlich Kriege zwischen Stämmen und Völkern, es gab auch Klassenkampf, aber die Kriege spielten eine geringe Rolle und hörten bald völlig auf; der Klassenkampf gipfelte viel seltener in Zusammenstößen mit roher Gewalt. Das wurde in dem Buch zwar nicht direkt gesagt, war jedoch aus dem Zusammenhang ersichtlich.

Sklaverei kannten die Marsmenschen gar nicht, ihr Feudalismus war sehr wenig militaristisch, und ihr Kapitalismus befreite sich sehr früh aus nationalstaatlicher Zersplitterung und brachte nichts hervor, was unseren modernen Armeen geglichen hätte.

Die Erklärung für diese Unterschiede musste ich selber finden. Die Marsmenschen, sogar Menni, hatten gerade erst begonnen, die Geschichte der irdischen Menschheit zu studieren, und waren noch nicht soweit, ihre und unsere Vergangenheit miteinander vergleichen zu können.

Ich erinnerte mich an ein Gespräch mit Menni. Als ich die Sprache zu lernen begann, in der sich meine Reisegefährten unterhielten, wollte ich wissen, ob dieses Idiom auf dem Mars am weitesten verbreitet sei.

Menni erklärte, es sei die einzige Literatur- und Umgangssprache aller Marsbewohner.

»Einst wurden auch bei uns unterschiedliche Sprachen gesprochen, und die Menschen verschiedener Länder haben einander nicht verstanden«, hatte Menni hinzugefügt. »Aber schon vor langer Zeit, mehrere hundert Jahre vor der sozialistischen Umwälzung, haben sich die Sprachen einander angenähert, und schließlich sind sie zu einer gemeinsamen Sprache verschmolzen. Das geschah von allein – niemand hat das gefördert, und niemand hat darüber nachgedacht. Einige regionale Besonderheiten haben sich noch lange erhalten, es gab sozusagen Dialekte, die jedoch von allen verstanden wurden. Die Entwicklung der Literatur hat sie aussterben lassen.«

»Ich kann mir das nur dadurch erklären«, sagte ich, »dass auf Ihrem Planeten die Kommunikation zwischen den Menschen von Anfang an viel umfassender, leichter und enger war als bei uns.«

»Richtig«, bestätigte Menni. »Auf dem Mars gibt es weder riesige Ozeane noch unüberwindbare Gebirgsketten. Unsere Meere sind nicht groß und trennen das Festland nirgendwo in selbstständige Kontinente, unsere Gebirge sind nicht hoch, abgesehen von einigen Gipfeln. Die Oberfläche des Mars ließe sich viermal auf der Erde unterbringen, außerdem ist die Schwerkraft bei uns zweieinhalbmal geringer als bei Ihnen, und deshalb können wir selbst ohne künstliche Hilfsmittel ziemlich schnell vorankommen. Wir laufen nicht schlechter als ein Reitpferd auf der Erde und ermüden dabei nicht. Zwischen unseren Völkern hat die Natur viel weniger Wände und Hindernisse aufgerichtet als auf der Erde.«

Das war wohl der eigentliche Grund, der eine scharfe Trennung der Marsmenschen in Rassen und Nationen verhinderte, gleichzeitig vereitelte er die volle Entfaltung des Militarismus und eines Systems des Massenmords. Wahrscheinlich hätte der Kapitalismus infolge seiner Widersprüche dennoch all diese Segnungen einer hohen Kultur hervorgebracht, aber neue Bedingungen förderten die politische Einheit aller Stämme und Völker. In der Landwirtschaft wurden die kleinen Produzenten recht früh von der großkapitalistischen Wirtschaft verdrängt, und bald darauf verstaatlichte man das gesamte Land.

Die Ursache war die unablässig stärker werdende Austrocknung des Bodens, ein Prozess, gegen den die Kleinbauern hilflos waren. Die Kruste des Planeten saugte das Wasser auf und atmete es nicht mehr aus. Aus dem gleichen Grund verlandeten die Meere und verwandelten sich in Binnenseen. Derselbe Prozess geht auch auf der Erde vor sich, ist jedoch bisher nicht so weit fortgeschritten. Auf dem Mars, der doppelt so alt ist wie die Erde, wurde die Lage schon vor mehreren Tausend Jahren ernst, da mit dem Austrocknen der Meere auch die Niederschläge abnahmen, die Flüsse versandeten und die Quellen versiegten. In den meisten Gegenden wurde künstliche Bewässerung unumgänglich. Was konnten hier unabhängige Kleinbauern ausrichten?

Ein Teil verarmte, und ihr Land wurde von Großgrundbesitzern übernommen, die ausreichend Kapital zum Bau von Bewässerungsanlagen besaßen. Anderswo bildeten die Bauern große Genossenschaften, um ihre Mittel zusammenzulegen. Aber früher oder später ging diesen Genossenschaften das Kapital aus, anfangs anscheinend nur zeitweilig, doch sobald die ersten Anleihen bei den Großkapitalisten aufgenommen waren, verschlimmerte sich die Lage: Hohe Zinsen vergrößerten die Ausgaben, neue Anleihen wurden notwendig usw. Die Genossenschaften wurden von ihren Kreditgebern abhängig, und diese ruinierten sie schließlich, wobei sie sich das Land aneigneten.

So lag schließlich fast alles nutzbare Land in den Händen von einigen Tausend Kapitalisten, aber im Innern des Festlands gab es noch riesige Wüsten, deren Bewässerung selbst mit den Mitteln einzelner Banken nicht möglich war. Der Staat, zu der Zeit schon völlig demokratisch, war gezwungen, sich mit dem Problem zu befassen, um das zahlenmäßig ständig wachsende Proletariat zu beschäftigen und den letzten selbstständigen Kleinbauern zu helfen. Doch selbst die Staatskasse verfügte nicht über die Mittel, die für gigantische Kanäle notwendig waren. Die Syndikate der Kapitalisten wollten den Kanalbau übernehmen. Dagegen erhob sich das gesamte Volk, weil es wusste, dass dann die Syndikate auch den Staat versklavt hätten. Nach langem Kampf und erbittertem Widerstand der Landkapitalisten wurde eine progressive Steuer auf alle Einkünfte aus Landbesitz eingeführt. Die Mittel aus dieser Steuer dienten als Fonds für die gewaltigen Kanalbauten. Die Macht der Landbesitzer war untergraben, und bald wurde Grund und Boden nationalisiert. Dabei verschwanden die letzten Kleinbauern, weil der Staat das Land nur an Großkapitalisten verpachtete, und die landwirtschaftlichen Unternehmen wurden noch größer als früher. So erwiesen sich die berühmten Kanäle auch als mächtige Motoren der wirtschaftlichen Entwicklung und als feste Stütze der politischen Einheit der gesamten Menschheit.

Als ich das alles gelesen hatte, konnte ich mich nicht enthalten, Menni meine Verwunderung darüber auszudrücken, dass Menschen solche gigantischen Wasserwege geschaffen hatten, die sogar mit unseren unzulänglichen Teleskopen von der Erde aus sichtbar sind.

»Sie irren sich«, bemerkte Menni, »die Kanäle sind zwar tatsächlich gewaltig, doch nicht Dutzende Kilometer breit – und nur bei solchen Ausmaßen könnten sie von Ihren Astronomen erkannt werden. Was Sie sehen, sind breite Waldstreifen, die entlang der Kanäle angelegt wurden, um eine gleichmäßige Luftfeuchtigkeit zu gewährleisten und das schnelle Verdunsten des Wassers zu verhindern. Einige irdische Gelehrte haben das auch vermutet.«

Während des Kanalbaus erblühte die Wirtschaft, und der Klassenkampf kam zum Erliegen. Die Nachfrage nach Arbeitskräften war groß, und die Arbeitslosigkeit verschwand. Als jedoch die gewaltigen Arbeiten beendet und die Wüsten urbar gemacht waren, brach eine Industriekrise aus, und der »soziale Frieden« war gestört. Es kam zu einer sozialen Revolution. Und wiederum ging alles ziemlich friedlich zu: Die Hauptwaffe der Arbeiter waren Streiks, zu Aufständen kam es nur in seltenen Fällen und an wenigen Orten, fast ausschließlich in landwirtschaftlichen Gebieten. Schritt für Schritt wichen die Herren vor dem Unabwendbaren zurück, und als die Arbeiterpartei die Staatsmacht übernahm, machten die Besiegten keine Versuche, ihre Herrschaft mit Gewalt zu verteidigen.

Ein Lösegeld im wahrsten Sinne des Wortes gab es bei der Sozialisierung der Produktionsmittel nicht. Aber den Kapitalisten wurden anfangs Renten gewährt. Viele ehemalige Besitzende halfen beim Durchsetzen gesellschaftlicher Maßnahmen. Es war nicht leicht, jedem Arbeiter eine Tätigkeit entsprechend seinen Neigungen zu beschaffen. Ungefähr ein Jahrhundert lang gab es einen für alle – außer für die kapitalistischen Pensionäre – vorgeschriebenen Arbeitstag, anfangs circa sechs Stunden, dann immer weniger. Der technische Fortschritt und die genaue Berechnung der vorhandenen Arbeit trugen dazu bei, diese letzten Überreste des alten Systems abzubauen.

Das Bild einer gleichmäßigen Entwicklung der Gesellschaft, ein Weg, der nicht mit Blut befleckt ist wie auf der Erde, weckte in mir unwillkürlich Neidgefühle. Ich sprach mit Netti darüber, als wir das Buch zu Ende lasen.

»Ich glaube, Sie haben nicht recht«, sagte der Jüngling nachdenklich. »Die Widersprüche sind auf der Erde schärfer, und die Natur teilt viel mehr Schläge aus als bei uns. Aber vielleicht rührt das daher, dass die irdische Natur von Anfang an unvergleichlich reicher ist, die Sonne gibt ihr viel mehr Lebenskraft.

Sehen Sie, wie viel Millionen Jahre unser Planet älter ist, dabei ist seine Menschheit erst einige Tausend Jahrzehnte früher als Ihre entstanden, und in der Entwicklung sind wir Ihnen kaum zwei bis drei Jahrhunderte voraus. Mir kommen beide Menschheiten wie zwei Brüder vor. Der ältere hat ein ruhiges und ausgeglichenes Wesen, der jüngere ist leidenschaftlich und ungestüm, schont seine Kräfte nicht und macht mehr Fehler. Seine Kindheit war schmerzhaft und unruhig, und jetzt, im Übergangsalter zum Jüngling, bekommt er oft qualvolle Anfälle. Aber wird aus ihm nicht ein größerer Künstler und Gestalter als aus seinem älteren Bruder, wird er unsere herrliche Natur nicht mehr verschönen? So wird es wohl sein.«

10. Die Ankunft

Von Mennis klarem Kopf gelenkt, flog das Sternschiff ohne neue Abenteuer seinem fernen Ziel zu. Ich hatte mich an die Schwerelosigkeit gewöhnt und meisterte sogar die Hauptschwierigkeiten der Marssprache, als Menni allen verkündete, dass wir den halben Weg zurückgelegt und die höchste Geschwindigkeit erreicht hätten. Von nun an würden wir immer langsamer fliegen.

Im genau vorhergesagten Moment wendete das Sternschiff schnell und ohne Ruck. Die Erde, die längst aus einer großen hellen Sichel zu einem grünlichen Stern in der Nähe der Sonnenscheibe geworden war, rückte aus dem unteren Teil des schwarzen Himmelsgewölbes in die obere Halbkugel, und der rote Mars, der über unseren Köpfen geleuchtet hatte, befand sich jetzt unten.

Es vergingen noch Hunderte von Stunden, bis sich der Mars in eine helle kleine Scheibe verwandelte, und bald wurden seine beiden Begleiter sichtbar – Deimos und Phobos, unschuldige winzige Monde, die keineswegs die schrecklichen Namen »Furcht« und »Schrecken« verdienen, wie die Übersetzung aus dem Griechischen lautet. Die ernsten Marsmenschen wurden lebhafter und kamen immer öfter in Ennos Observatorium, um auf ihren Heimatplaneten zu blicken. Ich schaute ebenfalls durchs Teleskop, aber trotz Ennos Erklärungen verstand ich kaum, was ich sah. Dort gab es wirklich viele merkwürdige Dinge.

Die roten Flecken waren Wälder und Wiesen und die dunklen erntereife Felder. Die Städte zeigten sich als bläuliche Kleckse, nur Wasser und Schnee hatten die mir bekannten Farben. Der fröhliche Enno ließ mich manchmal erraten, was ich sehe, und meine naiven Fehler belustigten ihn und Netti; ich zahlte es ihnen heim, indem ich ihren Planeten ein Reich gelehrter Eulen und verworrener Farben nannte.

Die rote Scheibe wuchs – bald übertraf sie um ein Vielfaches die schrumpfende Sonne und ähnelte einer astronomischen Karte ohne Erklärungen. Die Schwerkraft nahm merklich zu, was ich als äußerst angenehm empfand. Die hellen Pünktchen des Deimos und Phobos schwollen zu winzigen, aber klar umrissenen Kreisen an.

Einen Tag später drehte sich der Mars schon als flache Kugel unter uns, und mit bloßen Augen sah ich mehr, als alle astronomischen Karten unserer Gelehrten zeigen. Deimos glitt über die runde Karte, während Phobos nicht sichtbar war; er befand sich auf der Rückseite des Planeten.

Alle freuten sich – ich allein vermochte ein beängstigendes, wehmütiges Gefühl nicht zu unterdrücken.

Näher und näher ... Niemand wollte sich mit etwas beschäftigen, alle schauten hinunter, wo sich eine andere Welt entfaltete, für sie die Heimat, für mich ein Planet voller Geheimnisse und Rätsel. Nur Menni war nicht bei uns, er stand am Steuer. Die Stunden vor der Landung sind die gefährlichsten, er musste die Entfernung überprüfen und die Geschwindigkeit regulieren.

Und ich, der unfreiwillige Kolumbus dieser Welt, fühle ich denn keine Freude, keinen Stolz, nicht einmal die Erleichterung, die der Anblick einer festen Küste nach einer langen Fahrt durch den luftleeren Ozean hervorrufen muss?

Künftige Ereignisse werfen schon ihren Schatten auf die Gegenwart.

Es blieben noch zwei Stunden. Bald würden wir in die Atmosphäre eintauchen. Mein Herz schlug peinigend schnell, ich konnte nicht länger hinunterschauen und ging in meine Kajüte. Netti folgte mir.

Er begann ein Gespräch mit mir – nicht über die Gegenwart, sondern über die Vergangenheit, über die ferne Erde dort oben.

»Sie werden zurückkehren, wenn Sie Ihre Aufgabe erfüllt haben«, sagte er, und seine Worte klangen wie eine zärtliche Ermunterung.

Wir sprachen über diese Aufgabe, über ihre Notwendigkeit und ihre Schwierigkeiten. Die Zeit verging unmerklich.

Netti blickte auf das Chronometer. »Wir sind gelandet, kommen Sie!«

Das Sternschiff stand still, die breiten metallenen Lamellen flatterten im Wind, frische Luft drang herein. Ein klarer grünlich-blauer Himmel über uns – Menschenmassen ringsumher.

Menni und Sterni stiegen als erste aus; auf den Schultern trugen sie einen durchsichtigen Sarg, in dem der starre Leichnam ihres Kameraden Letta lag.

Meine anderen Reisegefährten folgten ihnen. Netti und ich verließen das Sternschiff als letzte, und gemeinsam, Hand in Hand, schritten wir durch die vieltausendköpfige Menge.

Teil II

1. Bei Menni

In der ersten Zeit wohnte ich in einem Industriestädtchen bei Menni. Zentrum und Grundlage der Siedlung bildete ein großes chemisches Laboratorium, das tief unter der Erde lag. Der oberirdische Teil des Städtchens lag inmitten eines Parks verstreut; auf einer Fläche von zehn Quadratkilometern befanden sich mehrere Hundert Wohnungen von Laborarbeitern, ein großes Gemeinschaftsgebäude, ein Konsumgüterlager – in der Art eines Warenhauses – und eine Verkehrsstation, die den Ort mit der übrigen Welt verband. Menni war der Leiter aller Arbeiten und wohnte gleich neben dem Hauptlift zum Laboratorium.

Das Erste, was mich auf dem Mars befremdete und woran ich mich am schwersten gewöhnte, war die rote Farbe der Pflanzen. Ihr Farbstoff erfüllt die gleiche Aufgabe im Stoffwechsel wie bei uns das Chlorophyll: Aus der Sonnenenergie und dem Kohlendioxid der Luft baut er das Pflanzengewebe auf.

Der besorgte Netti empfahl mir eine Schutzbrille, damit meine Augen nicht von dem ungewohnten Anblick gereizt würden. Ich lehnte das Angebot ab. »Rot ist die Farbe unseres sozialistischen Banners«, erwiderte ich. »Ich muss mich an Ihre sozialistische Natur gewöhnen.«

»Wenn Sie das so sehen, müssen Sie zugestehen, dass auch in der irdischen Flora der Sozialismus herrscht, nur in versteckter Form«, bemerkte Menni. »Die Blätter der irdischen Pflanzen haben ebenfalls einen roten Schimmer, der allerdings von dem kräftigeren Grün übertönt wird. Man braucht nur eine Brille aufzusetzen, deren Gläser die grünen Strahlen absorbieren und die roten durchlassen, und Ihre Wälder und Felder werden rot wie die unseren.«

Ich kann nicht Zeit und Raum vergeuden, um die originellen Formen der Pflanzen und Tiere auf dem Mars zu beschreiben. Die Luft ist rein und ziemlich dünn, aber reich an Sauerstoff, der Himmel ist hoch, dunkel und von grünlicher Färbung, mit einer mageren Sonne und zwei winzigen Monden. Es leuchten auch zwei helle Abend- oder Morgensterne – die Venus und die Erde. All das war damals seltsam und fremdartig, und jetzt, in verklärter Erinnerung, erscheint es mir schön und lieb. Die Menschen und ihre Beziehungen – das war das Wichtigste für mich; in dieser märchenhaften Umgebung waren die Menschen am fantastischsten, am rätselhaftesten.

Menni lebte in einem einstöckigen Haus, das sich nicht von den anderen unterschied. Das interessanteste Merkmal seiner Architektur war das durchsichtige Dach aus riesigen blauen Glasscheiben. Unter dem Dach lagen das Schlafzimmer und das Zimmer für Gespräche mit Freunden. Die Marsmenschen erholen sich bei blauem Licht wegen dessen beruhigender Wirkung; den düsteren Schimmer, den diese Beleuchtung dem menschlichen Antlitz verleiht, empfinden sie nicht als unangenehm.

Die Arbeitsräume – das Labor, das Arbeits- und das Kommunikationszimmer – befanden sich in der unteren Etage; große Fenster ließen aufreizendes rotes Licht herein, das vom hellen Laub der Parkbäume reflektiert wurde. Dieses Licht, das mich anfänglich beklommen und nervös machte, wirkt auf die Marsbewohner anregend und arbeitsfördernd.

In Mennis Arbeitszimmer waren viele Bücher und verschiedenartige Schreibgeräte, von einfachen Bleistiften bis zu einem Druck-Phonographen. Dieser Apparat besteht aus einem komplizierten Mechanismus; bei deutlicher Aussprache wird die Aufzeichnung des Phonographen sogleich auf die Hebel einer Schreibmaschine übertragen. Dabei bleibt das Phonogramm vollständig erhalten, sodass man es neben dem gedruckten Text benutzen kann, je nachdem, was gerade bequemer ist.

Über Mennis Schreibtisch hing das Porträt eines Mannes in mittleren Jahren. Die Gesichtszüge ähnelten denen Mennis, unterschieden sich jedoch durch strenge Energie, kalte Entschlossenheit und einen fast drohenden Ausdruck, der Menni fremd war. Auf Mennis Antlitz war nur ruhige und feste Willenskraft zu lesen. Menni erzählte mir die Geschichte des Mannes.

Es war ein Vorfahre Mennis, ein großer Ingenieur. Er lebte zu der Zeit, als die großen Kanäle gebaut wurden, lange vor der sozialen Revolution. Die grandiosen Arbeiten wurden nach seinem Plan organisiert und unter seiner Leitung verrichtet. Sein Gehilfe, der ihm Ruhm und Macht neidete, intrigierte gegen ihn. Ein Hauptkanal, bei dem Hunderttausende arbeiteten, begann in einem sumpfigen, ungesunden Gelände. Tausende starben an Krankheiten, und unter den Arbeitern schwelte Unmut. Während der Chefingenieur mit der Marsregierung über Pensionen für die Hinterbliebenen und die Invaliden verhandelte, agitierte der Gehilfe unter den Unzufriedenen. Er stachelte die Arbeiter zu einem Streik auf. Sie forderten, den Kanal in einer anderen Gegend zu bauen, was den ganzen Arbeitsplan zunichtegemacht hätte, und den Chefingenieur abzusetzen, was durchaus möglich gewesen wäre. Als der Chefingenieur alles erfuhr, bat er seinen Gehilfen zu sich und tötete ihn auf der Stelle. Vor Gericht verzichtete er auf jede Verteidigung, sondern erklärte lediglich, er habe richtig gehandelt. Er wurde zu einer langjährigen Haftstrafe verurteilt.

Bald erwies sich, dass keiner von seinen Nachfolgern imstande war, die gigantischen Arbeiten zu leiten; es gab falsche Entscheidungen, Gelder wurden unterschlagen, überall herrschte Unordnung, der ganze Mechanismus des Werkes drohte auseinander zu fallen, die Kosten wuchsen ins Unermessliche. Unter den Arbeitern drohte die Unzufriedenheit in einen Aufstand zu münden. Die Regierung wandte sich eiligst an den früheren Chefingenieur und bot ihm an, ihn zu begnadigen und in seine alten Rechte einzusetzen. Der Ingenieur lehnte die Begnadigung entschieden ab, erklärte sich aber bereit, die Arbeiten aus dem Gefängnis zu leiten.

Von ihm bestellte Revisoren klärten schnell alles an Ort und Stelle auf, Tausende von Ingenieuren und Lieferanten wurden entlassen oder vor Gericht gebracht. Die Arbeiter wurden besser entlohnt und besser mit Nahrung, Kleidung und anderen notwendigen Dingen versorgt, die Arbeitspläne wurden überprüft und berichtigt. Bald war die Ordnung wiederhergestellt, und der gewaltige Mechanismus funktionierte präzise wie ein gehorsames Werkzeug in den Händen eines wahren Meisters.

Dieser Meister leitete nicht nur das gesamte Werk, sondern entwarf auch einen Plan für die künftigen Jahre. Gleichzeitig bildete er einen Stellvertreter aus, einen energischen und talentierten Mann, der sich vom Arbeiter zum Ingenieur emporgearbeitet hatte. An dem Tag, an dem die Haftstrafe ablief, war alles so weit vorbereitet, dass der Meister ohne Befürchtungen das Werk in andere Hände legen konnte, und als der Premierminister im Gefängnis erschien, um den Gefangenen freizulassen, war der Chefingenieur aus dem Leben geschieden.

Während mir Menni diese Geschichte erzählte, zeigte sein Gesicht einen Ausdruck unerbittlicher Härte.

Menni war ein Ebenbild seines Ahnen. Ich spürte, wie sehr er diesen Mann, der vor mehreren hundert Jahren gestorben war, achtete und verstand. Das Kommunikationszimmer war der mittlere Raum der unteren Etage. Dort befanden sich Telefone und optische Apparate, die auf jede beliebige Entfernung das Bild dessen übermittelten, was sie beobachteten. Ein Gerät verband Mennis Wohnung mit der Zentrale und über sie mit allen Häusern der Stadt und allen Städten des Planeten. Andere Apparate dienten als Verbindung zum unterirdischen Laboratorium, das von Menni geleitet wurde. Sie waren ständig eingeschaltet: Auf fein gegitterten Scheiben waren die beleuchteten Säle sichtbar, wo sich große metallene Maschinen und gläserne Apparaturen befanden, davor Dutzende und Hunderte von Arbeitern. Ich bat Menni, mich in das Laboratorium mitzunehmen.

»Das darf ich nicht«, erwiderte er. »Dort arbeiten wir mit Materie in instabilem Zustand, und obwohl unsere Vorsichtsmaßnahmen eine Vergiftung mit unsichtbaren Strahlen oder eine Explosion fast ausschließen, besteht diese Gefahr immer. Sie dürfen sich ihr nicht aussetzen, denn Sie sind hier der einzige Erdenmensch und könnten von niemandem ersetzt werden.«

In Mennis Hauslaboratorium befanden sich nur die Geräte und Materialien, die er gerade für seine Forschungen benötigte.

Im Korridor des Erdgeschosses hing eine Luftgondel, in die man sich jederzeit setzen konnte, um in beliebiger Richtung davonzufliegen.

Ich fragte Menni, wo Netti wohne.

»In einer großen Stadt zwei Stunden Luftweg von hier entfernt. Dort ist eine Maschinenfabrik mit mehreren Zehntausend Arbeitern, für Netti genug Patienten für seine medizinischen Forschungen. Hier haben wir einen anderen Arzt.«

»Und diese Maschinenfabrik darf ich bei Gelegenheit besichtigen?«

»Natürlich, dort drohen keine besonderen Gefahren. Wenn Sie möchten, fliegen wir morgen hin.«

2. In der Fabrik

Ungefähr fünfhundert Kilometer in zwei Stunden – die Geschwindigkeit des schnellsten Falken, die bisher nicht einmal von unseren elektrischen Bahnen erreicht wird. Unten entfalteten sich in raschem Wechsel seltsame Landschaften; merkwürdige Vögel schossen an uns vorbei. Die Sonnenstrahlen entflammten die Häuserdächer und die riesigen Kuppeln mir unbekannter Gebäude. Flüsse und Kanäle glitzerten wie Stahlbänder; weil sie an die Erde erinnerten, ruhten meine Augen auf ihnen aus. In der Ferne tauchte eine riesige Stadt auf, die rings um einen kleinen See lag und von einem Kanal durchschnitten wurde. Die Gondel verlangsamte ihren Flug und landete sanft neben einem hübschen kleinen Haus – Nettis Wohnstatt.

Netti kam uns erfreut entgegen. Er setzte sich in unsere Gondel, und wir flogen weiter. Die Fabrik lag an der anderen Seite des Sees.

Fünf gewaltige Gebäude, kreuzförmig angeordnet, alle von gleicher Bauweise: gläserne Gewölbe, auf einigen Dutzend dunkler Säulen ruhend, ebensolche gläserne Platten, abwechselnd durchsichtig und matt, als Wände zwischen den Säulen. Wir landeten beim zentralen und größten Komplex, vor dem zehn Meter breiten und zwölf Meter hohen Tor, das den gesamten Raum zwischen zwei Säulen einnahm. Die Einfahrt wurde von der Decke des Erdgeschosses durchschnitten, mehrere Schienenstränge führten durch das Tor hinein und verloren sich im Inneren.

Wir flogen durch die obere Hälfte der Toröffnung und gelangten gleich in den ersten Stock, wo uns Maschinenlärm entgegenschlug. Eigentlich war es gar kein Stockwerk, sondern ein Netz von Brücken, das von allen Seiten gigantische Maschinen überspannte. Einige Meter darüber sah ich ein zweites, ähnliches Netz, darüber ein drittes, viertes, fünftes; alle bestanden aus gläsernem Parkett, das mit Eisengittern durchzogen war, und alle waren durch eine Vielzahl von Aufzügen und Treppen verbunden. Jedes höhere Netz war kleiner als das vorherige.

Kein Rauch, kein Ruß, keine Gerüche, kein Staub. In reiner Luft arbeiteten die Maschinen harmonisch, von schwachem Licht übergossen, das jedoch überall hin drang. Aus Eisen, Aluminium, Nickel und Kupfer wurden Maschinenteile geschnitten, gesägt, geschliffen und gebohrt. Hebel, riesigen Stahlhänden ähnelnd, bewegten sich gleichmäßig und stufenlos, große Plattformen schoben sich mit elementarer Genauigkeit vorwärts und rückwärts, die Räder und Treibriemen schienen stillzustehen. Nicht die plumpe Kraft von Feuer und Dampf, sondern die feine, aber noch mächtigere elektrische Energie war die Seele dieses furchteinflößenden Mechanismus.

Der Maschinenlärm klang beinahe melodisch, wenn sich das Ohr an ihn gewöhnt hatte, außer in den Momenten, da ein Hammer von mehreren tausend Tonnen Gewicht niedersauste und alles von dem Donnerschlag erzitterte.

Hunderte von Arbeitern liefen sicher zwischen den Maschinen umher, doch weder ihre Schritte noch ihre Stimmen waren in dem Meer der Geräusche zu hören. Ihre Mienen drückten keine gespannte Besorgnis aus, sondern ruhige Aufmerksamkeit; die Arbeiter schienen neugierige gelehrte Beobachter zu sein, die im Grunde mit alledem nichts zu tun hatten; es interessierte sie einfach, wie die riesigen Metallstücke, die auf Schienenplattformen unter die gläserne Kuppel glitten, in die eiserne Umarmung dunkler Ungeheuer gerieten, wie diese Ungeheuer sie sodann mit ihren festen Kiefern zerbissen, mit ihren schweren Pfoten zerquetschten, mit ihren glänzenden scharfen Krallen zerbohrten und zerkratzten und wie endlich die Überreste dieses grausamen Spiels als elegante Maschinenteile auf der Rückseite des Gebäudes in leichten elektrisch betriebenen Waggons abtransportiert wurden. Es schien ganz natürlich zu sein, dass die Ungeheuer die kleinen großäugigen Betrachter, die vertrauensvoll zwischen ihnen spazierten, nicht anrührten. Sie wären eine zu armselige Beute gewesen, unwürdig der drohenden Kraft der Giganten. Die Fäden, die das empfindliche Hirn des Menschen mit den unzerstörbaren Organen des Mechanismus verband, blieben unsichtbar.

»Ich habe Maschinen und Arbeiter gesehen«, sagte ich zu dem Techniker, der mich nach dem Verlassen des Gebäudes nach meinen Wünschen fragte, »doch die Arbeitsorganisation ist mir undurchschaubar geblieben. Danach wollte ich Sie fragen.«

Anstelle einer Antwort führte uns der Techniker in einen würfelförmigen Bau, der sich zwischen der zentralen Halle und einem Eckgebäude befand. Es gab noch drei weitere solche Bauten. An den schwarzen Wänden leuchteten viele Reihen weißer Zeichen. Ich beherrschte die Marssprache schon so weit, um die Zeichen zu entziffern. Auf der ersten Tafel stand:

In der Maschinenproduktion beträgt der Überschuss pro Tag 968.757 Arbeitsstunden, davon 11.325 Arbeitsstunden von Fachleuten.

In dieser Fabrik beträgt der Überschuss 753 Arbeitsstunden, davon 29 Arbeitsstunden von Fachleuten.

Kein Mangel herrscht in folgenden Bereichen: Bergbau, Chemie, Erdarbeiten, Landwirtschaft ...

In alphabetischer Reihenfolge wurden viele Arbeitsbereiche aufgeführt.

Auf der zweiten Tafel stand:

Die Bekleidungsindustrie benötigt 392.685 Arbeitsstunden pro Tag, davon 21.380 Arbeitsstunden von Mechanikern für Spezialmaschinen und 7.852 Arbeitsstunden von Arbeitsorganisatoren.

Die Schuhindustrie benötigt 79.360 Arbeitsstunden, davon ...

Die Rechenzentrale benötigt 3.078 Arbeitsstunden ...

usw.

Die dritte und vierte Tafel sahen ähnlich aus. Unter den Arbeitsgebieten waren auch die von Erziehern für kleinere Kinder, Erziehern für Kinder mittleren Alters, Medizinern für Städte, Medizinern für ländliche Gebiete usw. aufgeführt.

»Warum herrscht nur in der Maschinenproduktion ein Überschuss an Arbeitskräften, während überall sonst Kräfte fehlen?« fragte ich.

»Das ist leicht erklärlich«, antwortete Menni. »Mithilfe der Tabellen soll auf die Verteilung der Arbeit eingewirkt werden: Jeder kann sehen, wo und in welchem Umfang Arbeitskräfte fehlen. Bei gleicher oder annähernd gleicher Neigung zu zwei Beschäftigungen wählt man die aus, wo der Mangel größer ist. Und über den Überschuss an Arbeitskräften braucht man nur in der Fabrik genaue Angaben zu machen, wo dieser Überschuss vorhanden ist, damit jeder Arbeiter überlegen kann, ob er seinen Arbeitsplatz wechseln soll.«

Während wir uns unterhielten, verschwanden einige Ziffern auf den Tafeln, worauf neue an ihre Stelle traten. Ich fragte, was das bedeute.

»Die Zahlen ändern sich jede Stunde«, erklärte Menni, »denn im Laufe einer Stunde haben mehrere tausend Menschen den Wunsch geäußert, den Arbeitsplatz zu wechseln. Die Rechenzentrale registriert das, und stündlich werden die Daten elektrisch überallhin weitergeleitet«

»Wie gewinnt denn die Zentrale die Daten?«

»Sie hat überall Agenturen, die den Warenbestand in den Lagern, die Produktivität der Unternehmen und die Zahl der Arbeiter registrieren. Auf diese Weise wird genau festgestellt, wie viel und was für bestimmte Zeit produziert werden soll und wie viel Arbeitsstunden dafür benötigt werden. Dann braucht die Zentrale nur noch den Unterschied zwischen Soll und Haben zu berechnen und mitzuteilen. Der Strom der Freiwilligen stellt das Gleichgewicht wieder her.«

»Und der Verbrauch von Produkten ist nicht beschränkt?«

»Nein, jeder nimmt, was er braucht und so viel er möchte.«

»Gibt es denn kein Geld, keine Zeugnisse über die geleisteten Arbeitsstunden oder etwas Ähnliches? Und keine Arbeitspflicht?«

»Nichts dergleichen. Wir leiden keinen Mangel an Arbeitskräften: Die Arbeit ist das natürliche Bedürfnis eines entwickelten, sozial denkenden Menschen, und jede Art maskierten oder offenen Zwangs ist völlig überflüssig.«

»Aber wenn der Verbrauch nicht beschränkt ist, kann es dann nicht zu Schwankungen kommen, die alle statistischen Berechnungen umstoßen?«

»Natürlich nicht. Ein einzelner mag zwei- oder drei Mal so viel von einer Speise essen wie üblich, er kann an einem Tag zehn Anzüge tragen, aber eine Gesellschaft von drei Milliarden Menschen ist solchen Schwankungen nicht ausgesetzt. Bei so großen Zahlen werden Abweichungen ausgeglichen, und die Mittelwerte ändern sich sehr langsam, in strenger Kontinuität.«

»Auf diese Weise arbeitet Ihre Statistik fast automatisch – einfache Berechnungen und nichts weiter?«

»Durchaus nicht. Es gibt schon große Schwierigkeiten. Die Rechenzentrale muss wachsam die neuen Erfindungen und die veränderten Produktionsbedingungen verfolgen, um sie genau zu berücksichtigen. Wird in einem Bereich eine neue Maschine eingeführt, muss sogleich die Arbeit umgestaltet werden, das gilt für den Maschinenbau und manchmal sogar für die Gewinnung bestimmter Materialien. In einer Grube geht das Erz zur Neige, neue Lagerstätten werden erschlossen – wiederum sind mehrere Zweige betroffen: der Bergbau, das Verkehrswesen usw. All das muss berücksichtigt werden, und wenn auch präzise Berechnungen unmöglich sind, so gibt es doch annähernd richtige, und das ist gar nicht leicht, solange Daten aus direkter Beobachtung fehlen.«

»Bei solchen Schwierigkeiten muss man wohl stets einen gewissen Vorrat an Arbeitskräften haben?«

»Richtig – darauf beruht unser System. Vor zweihundert Jahren, als die Früchte der Arbeit gerade ausreichten, um die Bedürfnisse der Gesellschaft zu befriedigen, waren genaue Berechnungen notwendig, und man konnte die Arbeit nicht frei wählen. Es gab einen vorgeschriebenen Arbeitstag, und die Neigungen der Menschen konnten nicht immer berücksichtigt werden. Aber jede Erfindung, die der Statistik vorübergehend Schwierigkeiten bereitete, erleichterte die Hauptaufgabe – den Übergang zur unbeschränkten Freiheit der Arbeit. Anfangs wurde der Arbeitstag verkürzt, und als auf allen Gebieten ein Überangebot herrschte, wurde jegliche Verpflichtung abgeschafft. Beachten Sie, wie geringfügig der Mangel an Arbeitskräften ist: Tausende, Zehntausende, höchstens Hunderttausende Arbeitsstunden, nicht mehr – und das bei Abermillionen Arbeitsstunden, die in denselben Produktionszweigen benötigt werden.«

»Immerhin gibt es einen Mangel an Arbeitskräften«, wandte ich ein. »Er wird sicherlich durch den späteren Überschuss gedeckt, nicht wahr?«

»Nicht nur dadurch. In Wirklichkeit wird die notwendige Arbeit so berechnet, dass zum Grundbedarf eine gewisse Menge hinzugefügt wird. In den wichtigsten Zweigen – bei der Produktion von Nahrung, Kleidung, beim Bau von Gebäuden, Maschinen – beträgt dieser Aufschlag sechs Prozent, bei den weniger wichtigen ein bis zwei Prozent. Auf diese Weise zeigen die Zahlen auf den Tabellen nur einen relativen, keinen absoluten Fehlbetrag an. Selbst wenn in den fehlenden Stunden nicht gearbeitet würde, heißt das nicht, dass die Gesellschaft Mangel leiden müsste.«

»Und wie viel Stunden wird gearbeitet, beispielsweise in dieser Fabrik?«

»Täglich anderthalb, zwei, zweieinhalb Stunden«, antwortete der Techniker. »Manche arbeiten weniger oder auch mehr, zum Beispiel der Genosse dort, der den großen Hammer bedient. Er ist von seiner Arbeit so begeistert, dass er sich während der ganzen Arbeitszeit des Betriebes nicht ablösen lässt, er arbeitet also sechs Stunden täglich.«

Ich rechnete diese Zahlen um, da auf dem Mars ein Tag länger dauert und in zehn Stunden eingeteilt ist. Demnach betrug die durchschnittliche Arbeitszeit fünf Stunden, die längste fünfzehn Stunden. Der Genosse am Hammer arbeitete also ebenso lange wie die Arbeiter in den schlimmsten kapitalistischen Unternehmen.

»Schadet es dem Genossen nicht, so lange zu arbeiten?« fragte ich.

»Vorläufig nicht«, antwortete Netti, »ein halbes Jahr lang darf er sich das Vergnügen noch erlauben. Ich habe ihn natürlich vor den Gefahren gewarnt. Er kann einen krampfartigen psychischen Anfall bekommen, der ihn mit unwiderstehlicher Kraft unter den Hammer zieht. Voriges Jahr hatten wir hier ebenfalls einen Mann, der starke Emotionen liebte. Nur dank einem glücklichen Zufall konnte der Hammer angehalten und der unfreiwillige Selbstmord verhindert werden. Das Verlangen nach solchen starken Emotionen ist noch keine Krankheit, aber es kann leicht dazu werden, wenn das Nervensystem vor Übermüdung, seelischem Kummer oder wegen körperlicher Beschwerden angegriffen ist. Natürlich lasse ich die Genossen, die sich übermäßig einer eintönigen Arbeit hingeben, nicht aus den Augen.«

»Sollte der Genosse, von dem wir reden, seine Arbeitszeit nicht verkürzen, da es doch in der Maschinenproduktion zu viel Arbeitskräfte gibt?«

»Natürlich nicht«, erwiderte Menni lächelnd. »Warum sollte gerade er das Gleichgewicht herstellen? Die Statistik verpflichtet niemanden zu irgendetwas. Jeder nimmt sie zur Kenntnis, muss sich jedoch nicht einzig nach ihr richten. Wenn Sie heute in dieser Fabrik arbeiten wollten, würde sich wahrscheinlich ein Platz für Sie finden, und in der zentralen Statistik würde sich der Überschuss um ein bis zwei Stunden vergrößern, mehr nicht. Der Einfluss der Statistik äußert sich bei der Aufteilung der gesamten verfügbaren Arbeit, aber jede Person ist frei.«

Bei dem Gespräch hatten wir uns erholt, und wir fuhren mit der Besichtigung fort. Menni musste jedoch heimfliegen, man hatte ihn ins Laboratorium gerufen.

Abends blieb ich bei Netti. Er hatte mir versprochen, mich am nächsten Tag in die »Kinderstadt« zu führen, wo seine Mutter als Erzieherin arbeitete.

3. Die Kinderstadt

Die »Kinderstadt« war der schönste Stadtteil mit fünfzehn- bis zwanzigtausend Einwohnern. Es waren tatsächlich fast nur Kinder und ihre Erzieher. Solche Einrichtungen gibt es in allen großen Städten, und meist bilden sie auch selbstständige Bezirke; lediglich in kleineren Siedlungen wie in Mennis Chemiestädtchen fehlen sie.

Große einstöckige Häuser liegen in einem Gelände mit Bächen, Teichen, Spiel- und Sportplätzen, Blumen- und Kräuterbeeten, Freigehegen und Tierhäusern. Scharen von großäugigen Kindern unbekannten Geschlechts – Jungen und Mädchen tragen die gleiche Kleidung. Auch bei den Erwachsenen lassen sich Männer und Frauen schwer an der Kleidung unterscheiden – im Wesentlichen ist sie gleich, ein gewisser Unterschied besteht lediglich im Stil: Bei den Männern gibt der Anzug die Körperformen deutlicher wieder, bei den Frauen maskiert er sie. Jedenfalls war die ältere Person, die uns in der Tür eines großen Hauses empfing, zweifellos eine Frau, denn Netti umarmte sie und nannte sie »Mama«. In der weiteren Unterhaltung sprach er sie einfach mit dem Namen an, wie das auf dem Mars üblich ist. Sie hieß Nella.

Nella kannte unsere Absicht und führte uns gleich in ihr Kinderhaus. Sie selber leitete die Abteilung für die Jüngsten; in dem Haus wohnten aber auch ältere Kinder, die beinahe erwachsen waren. Die kleinen Kobolde schlossen sich uns an und beobachteten mit ihren riesigen Augen den Menschen vom anderen Planeten – sie wussten sehr wohl, wer ich war, und als wir die letzten Räume besichtigten, umringte uns eine ganze Schar, obwohl sich die meisten Kinder seit dem Morgen im Gelände aufhielten.

Insgesamt lebten in dem Haus ungefähr dreihundert Kinder unterschiedlichen Alters. Ich fragte Nella, warum man alle Altersgruppen vereinige und nicht jede in einem eigenen Haus unterbringe, was die Arbeit der Erzieher erleichtern würde.

»Weil das keine wirkliche Erziehung wäre«, entgegnete Nella. »Um für die Gesellschaft erzogen zu werden, muss ein Kind in einer echten Gemeinschaft aufwachsen. Die meiste Lebenserfahrung und die größten Kenntnisse erwerben die Kinder durch den Umgang mit ihresgleichen. Wenn wir die älteren von den jüngeren Kindern isolierten, würden wir ein einseitiges und enges Milieu schaffen, und die Entwicklung des Kindes verliefe langsam, träge und eintönig. Kinder verschiedenen Alters können untereinander am besten aktiv werden. Die Älteren helfen uns bei der Betreuung der Kleinen. Nein, wir vereinen nicht nur alle Altersstufen, wir wählen auch für jedes Haus Erzieher unterschiedlichen Alters und unterschiedlicher praktischer Kenntnisse aus.«

»Trotzdem sind die Kinder in den Abteilungen nach Altersgruppen untergebracht – das widerspricht doch dem, was Sie eben gesagt haben.«

»Die Kinder versammeln sich in den Abteilungen nur zum Schlafen und Essen. Hier besteht natürlich keine Notwendigkeit, die Altersgruppen zu vermischen. Aber für Spiele und Beschäftigungen gruppieren sie sich so, wie es ihnen gefällt. Selbst bei literarischen Lesungen und wissenschaftlichen Vorträgen, die für eine Altersgruppe veranstaltet werden, drängen sich im Auditorium stets viele Kinder aus anderen Gruppen. Die Kinder suchen sich selber ihre Gesellschaft, sie verkehren gern mit älteren oder jüngeren Gefährten, auch mit Erwachsenen.«

Ein Knirps drängte sich durch die Menge und rief: »Nella, Esta hat mir mein Schiff weggenommen, das ich selber gebaut habe! Nimm ihr das Schiff weg und gib es mir wieder!«

»Wo ist Esta?« fragte Nella.

»Sie ist zum Teich gelaufen und lässt das Schiff schwimmen«, antwortete das Kind.

»Jetzt habe ich keine Zeit. Jemand von den älteren Kindern soll mit Dir gehen und Esta erklären, dass sie dich nicht ärgern darf. Am besten, du gehst allein und ihr spielt zusammen. Kein Wunder, dass ihr das Schiff gefällt, wenn du es schön gebaut hast.«

Das Kind ging fort, und Nella wandte sich an die anderen: »Und ihr, Kinder, tätet gut daran, wenn ihr uns allein ließet. Dem Mann von der Erde wird es kaum angenehm sein, dass ihn Hunderte von Kinderaugen anstarren. Stell Dir vor, Elwi, dich würde eine große Menge solcher fremden Menschen anschauen. Was würdest du da tun?«

»Ich würde wegrennen«, erklärte tapfer der Angesprochene. Alle Kinder liefen flugs auseinander. Wir gingen in den Park.

»Eben haben Sie die Macht der Vergangenheit gesehen«, sagte die Erzieherin lächelnd. »Anscheinend herrscht bei uns reiner Kommunismus, den Kindern wird fast nichts abgeschlagen – woher kommt dann das Bedürfnis nach Privateigentum? Ein Kind erklärt plötzlich: ›mein‹ Schiff, das ›ich selber‹ gebaut habe. So etwas geschieht sehr oft, manchmal kommt es deshalb zu einer Rauferei. Dagegen kann man nichts machen, das ist ein allgemeines Gesetz des Lebens: Die Ontogenese wiederholt die Phylogenese, und die Entwicklung des Individuums wiederholt auf die gleiche Weise die Entwicklung der Gesellschaft. Wenn ein

Kind mittleren oder höheren Alters seinen Platz innerhalb der Gemeinschaft sucht, hat es in den meisten Fällen einen verschwommen-individualistischen Charakter. In der Pubertät verstärkt sich das noch. Erst bei Jugendlichen besiegt die soziale Umwelt der Gegenwart endgültig die Überreste der Vergangenheit.«

»Machen Sie die Kinder mit dieser Vergangenheit bekannt?« fragte ich.

»Natürlich, sie lieben sogar Gespräche und Berichte über alte Zeiten. Anfangs sind das für sie nur Märchen, schöne, ein bisschen grausame Märchen über eine andere, eine ferne und seltsame Welt, die aber durch ihre Bilder von Kampf und Gewalt ein unklares Echo in der atavistischen Tiefe kindlicher Instinkte hervorruft. Erst später, wenn das Kind die Überreste der Vergangenheit in seiner Seele überwunden hat, lernt es, deutlich die Verbindung der Zeiten wahrzunehmen, und die Märchenbilder werden wirkliche Geschichte, verwandeln sich in lebendige Glieder einer lebendigen Kontinuität.«

Wir schlenderten durch die Alleen des weitläufigen Parks. Manchmal trafen wir auf Gruppen von Kindern, die spielten, Gräben aushoben, mit handwerklichen Instrumenten arbeiteten, Lauben bauten oder sich einfach unterhielten. Alle drehten sich neugierig nach mir um, aber niemand folgte uns. Offenbar hatte man sie unterwiesen. In den meisten Gruppen waren Kinder unterschiedlichen Alters, in vielen fanden sich auch ein oder zwei Erwachsene.

»In Ihrer Kinderstadt gibt es ziemlich viele Erzieher«, bemerkte ich.

»Ja, besonders, wenn man alle älteren Kinder dazurechnet, was man gerechtigkeitshalber tun sollte. Erziehungsspezialisten gibt es aber nur drei in jedem Haus, die anderen Erwachsenen, die Sie hier sehen, sind Mütter und Väter, die zeitweilig bei ihren Kindern wohnen oder junge Leute, die Erziehung studieren wollen.«

»Dürfen denn alle Eltern, die das wünschen, hier bei ihren Kindern wohnen?«

»Ja, natürlich, manche Mütter leben mehrere Jahre hier. Aber die meisten kommen von Zeit zu Zeit für ein bis zwei Wochen, höchstens für einen Monat. Väter wohnen seltener hier. In unserem Haus gibt es sechzig Zimmer für Eltern und für die Kinder, die allein sein möchten, und das hat immer ausgereicht.«

»Das heißt, auch Kinder wollen manchmal nicht in den Gruppenräumen leben?«

»Ja, ältere Kinder wohnen oft lieber allein. Darin äußert sich bei manchen der unklare Individualismus, von dem ich vorhin gesprochen habe. Andere Kinder treiben gern wissenschaftliche Studien und möchten einfach alles ausschließen, was sie ablenkt. Immerhin lieben auch unter den Erwachsenen vornehmlich Wissenschaftler und Künstler die Abgeschiedenheit.«

Plötzlich erblickten wir auf einer Wiese ein Kind von schätzungsweise sechs Jahren, das mit einem Stecken in der Hand einem Tier nachjagte. Wir beschleunigten unsere Schritte, das Kind bemerkte uns nicht. Es hatte inzwischen seine Beute eingeholt – einen großen Frosch – und schlug mit dem Stecken kräftig zu. Das Tier kroch mit einem gebrochenen Bein langsam durch das Gras.

»Warum hast du das getan, Aldo?« fragte Nella ruhig.

»Ich konnte ihn nicht fangen, er ist immer weggesprungen«, antwortete der Junge.

»Weißt du, was du getan hast? Du hast dem Frosch wehgetan und ihm ein Bein gebrochen. Gib den Stecken her, ich erkläre es Dir.«

Der Junge reichte Nella den Stecken, und sie schlug ihn mit einer schnellen Bewegung auf die Hand. Der Junge schrie auf.

»Tut das weh, Aldo?« fragte die Erzieherin, ebenso ruhig wie bisher.

»Sehr weh, du böse Nella!«

»Aber den Frosch hast du noch stärker geschlagen. Ich habe nur auf Deine Hand gehauen, doch du hast ihm ein Bein gebrochen. Das tut ihm viel mehr weh als Dir. Der Frosch kann jetzt nicht mehr laufen und springen, er wird keine Nahrung finden und vor Hunger sterben, oder er wird von anderen Tieren gefressen werden, vor denen er nicht fliehen kann. Was denkst du darüber, Aldo?«

Der Junge stand schweigend da, Tränen in den Augen, und hielt seine schmerzende Hand. Nach einer Weile sagte er: »Wir müssen sein Bein heilen.«

»Richtig«, bestätigte Netti. »Komm her, ich zeige Dir, wie man das macht.«

Sie ergriffen das verletzte Tier, das nur wenige Schritte weitergekrochen war. Netti nahm sein Taschentuch und riss es in Streifen, Aldo musste Holzsplitter suchen. Dann begannen beide mit der Ernsthaftigkeit wahrer Kinder, die mit einer sehr wichtigen Sache beschäftigt sind, einen festen Verband um das gebrochene Bein zu wickeln.

Bald drängte Netti zur Umkehr.

»Übrigens können Sie heute Abend bei uns Ihren Freund Enno wiedersehen«, sagte Nella. »Er wird den älteren Kindern einen Vortrag über die Venus halten.«

»Lebt denn Enno in dieser Stadt?« fragte ich.

»Nein, sein Observatorium liegt drei Stunden von hier entfernt. Aber er liebt Kinder und vergisst seine alte Erzieherin nicht. Deshalb kommt er oft her, und jedes Mal erzählt er den Kindern etwas Interessantes.«

Abends erschienen wir natürlich zur angegebenen Stunde im Kinderhaus. Außer den Jüngsten hatten sich alle Kinder in einem großen Hörsaal versammelt, auch viele Erwachsene waren gekommen. Enno begrüßte mich erfreut.

»Ich habe dieses Thema sozusagen für Sie ausgewählt«, scherzte er. »Sie grämen sich über die Rückständigkeit Ihres Planeten und die üblen Sitten Ihrer Menschheit. Ich werde über einen Planeten berichten, auf dem Dinosaurier und Flugechsen vorläufig die höchsten Vertreter des Lebens sind, und deren Bräuche sind schlimmer als die Gepflogenheiten Ihrer Bourgeoisie. Die Steinkohle brennt dort nicht in den Öfen des Kapitalismus, sondern wächst noch in Form gewaltiger Wälder. Wollen wir einmal zusammen zur Jagd auf Ichthyosaurier hinfliegen? Das sind die dortigen Rothschilds und Rockefellers, allerdings viel gemäßigter als Ihre irdischen, dafür weniger kultiviert. Dort ist das Reich der ursprünglichen Akkumulation, die im ›Kapital‹ Ihres Karl Marx vergessen wurde. Nella macht schon ein böses Gesicht, weil ich hier schwatze. Ich fange gleich an.«

Er sprach über den fernen Planeten, beschrieb die tiefen stürmischen Ozeane und gewaltigen Gebirge, die sengende Sonne und die dichten weißen Wolken, die schrecklichen Stürme und Gewitter, die unförmigen Tiere und majestätischen Pflanzen. Alles wurde mit Filmbildern an einer Saalwand illustriert. Nur Ennos Stimme war zu vernehmen, im Saal herrschte gespannte Aufmerksamkeit. Als Enno von den Abenteuern der ersten Venusfahrer berichtete, schilderte er, dass ein Mann eine riesige Echse mit einer Handgranate getötet hatte. Aldo, der die ganze Zeit neben Nella saß, begann plötzlich leise zu weinen.

Nella beugte sich zu ihm und fragte: »Was hast du?«

»Das Tier tut mir leid. Er hat ihm sehr wehgetan, und es ist gestorben.«

Nella umarmte den Jungen und erklärte ihm etwas mit leiser Stimme, doch er konnte sich lange nicht beruhigen.

Enno erzählte indessen von den unerschöpflichen natürlichen Reichtümern des herrlichen Planeten, von seinen gigantischen Wasserfällen, von Edelmetallen, die direkt an der Oberfläche der Berge lagern, von reichhaltigen Radiumvorkommen in einer Tiefe von wenigen Hundert Metern, von Energievorräten für viele Hunderttausend Jahre. Ich beherrschte die Sprache noch nicht so gut, um die Schönheit des Vortrags zu empfinden, aber schon die Filmbilder fesselten meine Aufmerksamkeit. Als Enno geendet hatte und im Saal das Licht anging, wurde ich sogar ein wenig traurig wie ein Kind, wenn ein schönes Märchen zu Ende ist.

Nach dem Vortrag wurden von den Zuhörern Fragen gestellt und Einwände vorgebracht. Die Fragen waren so verschiedenartig wie die Zuhörer, sie betrafen teils Einzelheiten der Filmbilder, teils die Art und Weise, wie man diese Natur bezwingen könnte. Es wurde auch gefragt: Wann würden auf der Venus Menschen entstehen und wie würden sie aussehen?

Die größtenteils naiven, manchmal jedoch recht scharfsinnigen Einwände richteten sich hauptsächlich gegen Ennos Schlussfolgerung, gegenwärtig sei die Venus für den Menschen ungeeignet und es würde in nächster Zeit kaum gelingen, ihre Reichtümer in nennenswertem Maße zu nutzen. Die jungen Optimisten wandten sich energisch gegen diese Ansicht, die unter den Forschern vorherrschte. Enno wies darauf hin, dass die sengende Sonne und die feuchte, bakterienhaltige Luft äußerst ungesund seien, was alle Forscher auf der Venus gespürt hätten, dass die Stürme und Gewitter die Arbeit erschwerten und das Leben der Menschen bedrohten.

Die Kinder fanden, man dürfe vor solchen Hindernissen nicht zurückschrecken, wenn man einen so wunderbaren Planeten beherrschen wolle. Um Bakterien und Krankheiten zu bekämpfen, müsste man möglichst bald tausend Ärzte hinschicken, und gegen die Stürme und Gewitter müssten hunderttausende Bauarbeiter hohe Wände aufrichten und Blitzableiter anbringen. »Selbst wenn von zehn Mann neun umkommen, lohnt es sich«, sagte ein eifriger Junge von zwölf Jahren. »Sie wissen wenigstens, wofür sie sterben!« An seinen glänzenden Augen war zu erkennen, dass er selber gern unter den neun wäre.

Enno zerstörte behutsam und gelassen die Kartenhäuschen der kindlichen Enthusiasten, aber es war zu merken, dass er ihnen im tiefsten Innern beipflichtete und dass sich in seinem Hirn ebensolche Pläne verbargen, die zwar mehr durchdacht, jedoch nicht weniger opferreich waren. Er selbst war noch nicht auf der Venus gewesen, und ich spürte, dass ihn die Schönheit und die Gefahren des Planeten lockten.

Nach dem Vortrag gingen Enno, Netti und ich zusammen weg. Enno wollte noch einen Tag in der Stadt bleiben und schlug mir vor, am nächsten Morgen mit ihm zusammen das Kunstmuseum zu besuchen. Netti musste in eine andere Stadt zu einem Ärztekongress fliegen.

4. Das Kunstmuseum

»Dass es bei Ihnen besondere Museen für Kunstwerke gibt, hätte ich nicht gedacht«, sagte ich zu Enno, als wir am Morgen aufbrachen. »Ich hielt Skulpturen- und Gemäldegalerien für eine Besonderheit des Kapitalismus mit seiner Prunksucht und seinem Bestreben, Reichtümer anzuhäufen, und glaubte, in der sozialistischen Gesellschaft würde die Kunst überall anzutreffen sein und das Leben verschönern.«

»Hierin haben Sie recht«, antwortete Enno. »Die meisten unserer Kunstwerke sind für Gemeinschaftsgebäude bestimmt – Gebäude, in denen wir unsere Angelegenheiten beraten, in denen wir lernen, forschen und uns erholen. Unsere Fabriken schmücken wir kaum, die Ästhetik der riesigen Maschinen und ihrer harmonischen Bewegungen erfreut uns in ihrer reinen Form, es gibt sehr wenige Kunstwerke, die dazu passen würden, ohne den Gesamteindruck zu zerstören oder abzuschwächen. Am wenigsten schmücken wir unsere Häuser, in denen wir uns ohnehin selten aufhalten. Unsere Kunstmuseen sind wissenschaftlich-ästhetische Einrichtungen, sie sind Schulen, in denen man lernt, wie sich die Kunst entwickelt hat, oder genauer: wie sich die Menschheit mit ihrer künstlerischen Tätigkeit entwickelt hat.«

Das Museum lag mitten in einem See auf einer kleinen Insel, die durch eine kleine Brücke mit dem Ufer verbunden war. Ein Garten mit hohen Fontänen und vielen blauen, weißen, schwarzen und grünen Blumen umgab das rechteckige Gebäude. Die Außenwände waren geschmackvoll bemalt.

In den lichtdurchfluteten Räumen waren tatsächlich nicht Statuen und Bilder so wirr durcheinander angehäuft wie in unseren Museen. An mehreren hundert

Beispielen wurde die Entwicklung der plastischen Kunst gezeigt, von den primitiven Skulpturen der vorhistorischen Zeit bis zu den technisch-idealen Werken des letzten Jahrhunderts. Überall spürte man die lebendige innere Ganzheit, die wir »Genie« nennen. Offensichtlich waren hier die besten Werke aller Epochen beisammen.

Um die Schönheit einer anderen Welt voll zu begreifen, muss man ihr Leben genau kennen, und um anderen eine Vorstellung von dieser Schönheit zu vermitteln, muss man selbst an ihr teilhaben. Deshalb vermag ich nicht zu beschreiben, was ich dort gesehen habe, ich kann höchstens einiges andeuten, bruchstückhaft auf Dinge hinweisen, die mich am meisten erstaunen ließen.

Das Hauptmotiv der Marsbildhauer ist wie bei uns der schöne menschliche Körper. Die Unterschiede zwischen Mars- und Erdenmenschen sind nicht groß, von den Augen und der Schädelform abgesehen. Man könnte von zwei Rassen sprechen. Ich vermag die unterschiedlichen Merkmale nicht genau zu erklären, dazu weiß ich zu wenig über Anatomie, aber das Auge gewöhnt sich leicht an sie und empfindet sie nicht als hässlich, sondern als originell.

Ich bemerkte, dass die Körperformen von Mann und Frau einander mehr ähneln als bei den meisten irdischen Völkern: Die ziemlich breiten Schultern der Frauen und die wegen einer gewissen Korpulenz nicht so stark hervortretende Muskulatur der Männer sowie ihr weniger schmales Becken glätten den Unterschied. Das gilt hauptsächlich für die letzte Epoche, das Zeitalter der freien menschlichen Entwicklung. Bei Statuen aus der kapitalistischen Periode treten die Geschlechtsunterschiede stärker hervor. Die häusliche Sklaverei der Frau und der fieberhafte Existenzkampf des Mannes entstellen offenbar die Körper auf unterschiedliche Weise.

Keine Minute schwand in mir das mehr oder weniger deutliche Empfinden, dass ich Bilder einer fremden Welt sah; das gab allen Eindrücken einen seltsamen, halb gespenstischen Beigeschmack. Sogar der schöne weibliche Körper der Statuen und Bilder weckte in mir ein unklares Gefühl, der mir bekannten erotisch-ästhetischen Begeisterung völlig unähnlich und eher den undeutlichen Vorahnungen gleichend, die mich einst an der Schwelle von der Kindheit zur Jugend bewegt hatten.

Die Statuen der frühen Epochen waren einfarbig wie auf der Erde, spätere Werke hatten natürliche Farben. Das wunderte mich nicht. Die Abweichung von der Wirklichkeit kann kein notwendiges Element der Kunst sein, sie ist sogar antikünstlerisch, wenn sie den Reichtum der Wahrnehmung verringert wie beispielsweise die Einfarbigkeit einer Skulptur. Sie trägt nicht zur künstlerischen Idealisierung bei, die das Leben in konzentrierter Form erfasst, sondern wirkt störend.

Bei den Statuen und Gemälden der älteren Epochen überwogen wie bei unseren antiken Skulpturen Darstellungen voller majestätischer Ruhe und friedvoller Harmonie, frei von jeglicher Spannung. In den mittleren Epochen, der Übergangszeit, traten andere Züge hervor; heftiges Verlangen, Leidenschaft, Erregung, manchmal zu einem erotischen oder religiösen Traum gemildert, manchmal die aus dem Gleichgewicht geratenen Kräfte von Seele und Körper scharf hervorhebend. In der sozialistischen Epoche änderte sich der Grundcharakter der Kunst wiederum: harmonische Bewegungen, ruhige und sichere Kraft, eine Tätigkeit, der schmerzhafte Anstrengung fremd ist, ein Streben, frei von Erregung, lebendige Aktivität, vom Bewusstsein harmonischer Einheit und unbesiegbarer Vernunft durchdrungen.

Während die ideale weibliche Schönheit der Antike die grenzenlosen Möglichkeiten der Liebe ausdrückt und die ideale Schönheit des Mittelalters und der Renaissance das unstillbare mystische oder sinnliche Liebesverlangen, wird dort, in der idealen Schönheit einer anderen, uns vorausschreitenden Welt, die Liebe selbst in ihrem ruhigen und stolzen Selbstbewusstsein verkörpert, die Liebe an sich – klar, leuchtend, alles bezwingend.

Für die späteren wie für die frühesten Kunstwerke ist außerordentliche Einfachheit und Einheit der Motive kennzeichnend. Dargestellt werden sehr komplizierte menschliche Wesen mit reichem und harmonischem Lebensinhalt, wobei diejenigen Momente ihres Lebens ausgewählt werden, in denen sie sich ganz auf ein Gefühl oder Bestreben konzentrieren. Die Lieblingsthemen der modernsten Künstler sind die Ekstase des schöpferischen Denkens, der Liebe, des Naturgenusses und die Seelenruhe beim freiwilligen Tod – Sujets, die das Wesen einer großen Menschheit kennzeichnen, die in aller Fülle und Konzentration zu leben sowie bewusst und mit Würde zu sterben versteht.

Die Abteilung für Malerei und Plastik bildet eine Hälfte des Museums, die andere ist gänzlich der Architektur vorbehalten. Unter Architektur verstehen die Marsmenschen nicht nur die Baukunst, sondern auch die schöne Form von Möbeln, Werkzeugen und Maschinen, überhaupt die Ästhetik alles Nützlichen.

Welch gewaltige Rolle die Kunst in ihrem Leben spielt, vermag man an der Fülle und sorgsamen Auswahl der Sammlungen zu ermessen. Von primitiven Höhlenwohnungen mit grob verziertem Hausrat bis zu luxuriösen Gemeinschaftshäusern aus Glas und Aluminium mit einer Innenausstattung, die von den besten Künstlern geschaffen wurde, und zu gigantischen Fabriken mit drohend-schönen Maschinen, zu gewaltigen Kanälen mit Granitufern und gleichsam schwebenden Brücken – hier werden alle typischen Formen vorgestellt, und zwar als Bilder, Zeichnungen, Modelle und vor allem als Stereogramme in großen Stereoskopen, in denen alles als vollkommene Illusion der Wirklichkeit wiedergegeben wird. Einen besonderen Platz hat die Ästhetik von Gärten, Feldern und Parks; und wie ungewohnt die Natur des Planeten auch auf mich wirkte, selbst mir war die Schönheit dieser Farben und Formen verständlich, die von dem kollektiven Genius der Menschen mit den großen Augen geschaffen wurde.

Wie bei uns wurde in früheren Epochen Eleganz auf Kosten der Bequemlichkeit erreicht; die Verzierungen minderten die Stabilität, die Kunst übte Gewalt am nützlichen Zweck der Gegenstände. Bei den Werken der jüngsten Epoche sah ich nichts dergleichen – weder bei Möbeln oder Gerätschaften noch bei Bauwerken. Ich fragte Enno, ob ihre zeitgenössische Architektur um der Schönheit willen Abweichungen von der praktischen Vollkommenheit zulasse.

»Niemals«, antwortete Enno, »das wäre falsche Schönheit, gekünstelt, aber keine Kunst.«

In vorsozialistischen Zeiten errichteten die Marsmenschen ihren großen Persönlichkeiten Denkmäler, jetzt gedenken sie auf diese Weise nur noch großer Ereignisse. Der erste Flug zur Erde, der mit dem Tod der Forscher endete, die Ausmerzung einer tödlichen Seuche, die ersten Experimente, bei denen die Spaltung und Synthese chemischer Elemente gelang, sind solche Anlässe. Mehrere Denkmäler waren als Stereogramme in der Abteilung vertreten, wo sich die Grabmale und Tempel befanden. (Auf dem Mars gab es früher auch

Religionen.) Eines der letzten Denkmäler für große Persönlichkeiten war das des Ingenieurs, von dem Menni mir erzählt hatte. Der Künstler hatte deutlich die Seelenstärke des Mannes dargestellt, der siegreich eine Arbeiterarmee im Kampf gegen die Natur geführt und stolz ein moralisches Urteil über seine Tat abgelehnt hatte. Als ich in unwillkürlicher Versonnenheit vor dem Stereoskop stand, sprach Enno leise einige Verse, welche die seelische Tragödie des Helden ausdrückten.

»Von wem stammen die Verse?« fragte ich.

»Von mir«, antwortete Enno, »ich habe sie für Menni geschrieben.«

Ich konnte die Schönheit der Verse in der fremden Sprache nicht richtig beurteilen, aber ihr Sinn war zweifellos klar, der Rhythmus harmonisch, der Reim klangvoll und reich. Das bewog mich zu der Frage: »Gelten in Ihrer Poesie noch Rhythmus und Reim in aller Strenge?«

»Natürlich«, erwiderte Enno leicht verwundert. »Kommt Ihnen das unschön vor?«

»Nein, durchaus nicht«, erklärte ich, »aber bei uns meinen viele, diese Formen entsprängen dem Geschmack der herrschenden Klassen und seien Ausdruck ihrer Launen und ihres Hangs zu Konventionen, welche die Freiheit des künstlerischen Ausdrucks einschränken. Daraus zieht man den Schluss, dass die Poesie der Zukunft, die Poesie des Sozialismus diese einengenden Gesetze abschaffen und ablehnen müsse.«

»Das ist völlig falsch«, erwiderte Enno hitzig. »Das Regelmäßig-Rhythmische erscheint uns nicht als schön, weil es unserem Hang zum Konventionellen entspricht, sondern weil es gut mit der rhythmischen

Regelmäßigkeit unserer Lebensprozesse und unseres Bewusstseins harmonisiert. Und der Reim, der Vielfalt bei gleichartigen Schlussakkorden schafft, ist er nicht ebenfalls im Menschlichen verwurzelt, das seine innere Vielfalt mit dem gemeinsamen Liebesgenuss, einem gemeinsamen vernünftigen Ziel in der Arbeit oder gleicher Stimmung in der Kunst krönt? Ohne Rhythmus gibt es keine künstlerische Form. Wo es keinen Rhythmus von Tönen gibt, muss es unbedingt einen Rhythmus von Ideen geben. Und sollte der Reim tatsächlich feudaler Herkunft sein, so kann man das auch von vielen anderen guten und schönen Dingen sagen.«

»Aber der Reim engt doch tatsächlich den Ausdruck einer poetischen Idee ein und erschwert ihn!«

»Und was besagt das? Die Einengung ergibt sich aus dem Ziel, das sich der Künstler frei wählt. Der Reim erschwert zwar den Ausdruck einer poetischen Idee, aber er vervollkommnet ihn auch, und nur deshalb existiert er. Je komplizierter das Ziel, desto schwieriger der Weg dorthin, und folglich desto mehr Beschränkungen auf diesem Weg. Wer ein schönes Gebäude bauen will, muss viele Regeln von Technik und Harmonie beachten, die ihn ›einengen‹. Der Künstler ist frei bei der Wahl der Ziele – das ist die einzige menschliche Freiheit. Sobald er ein Ziel wählt, wählt er zugleich auch die Mittel, mit denen er es erreichen will.«

Wir gingen in den Garten, um uns von den vielen Eindrücken zu erholen. Es war ein klarer und milder Frühlingsabend. Die Blumen schlossen ihre Blüten und rollten die Blätter zusammen, um sie vor der kalten Nacht zu schützen. Das ist eine Besonderheit aller Marspflanzen. Ich kam auf unser Gespräch zurück.

»Welche Gattungen der schönen Literatur werden bei Ihnen jetzt gepflegt?«

»Dramen, besonders Tragödien, und Naturlyrik«, antwortete Enno.

»Worin besteht der Inhalt dieser Tragödien? Wo finden Sie in Ihrem glücklichen, friedlichen Leben die Stoffe?«

»Glücklich? Friedlich? Wie kommen Sie darauf? Bei uns herrscht Frieden unter den Menschen, das ist wahr, aber kein Frieden mit der elementaren Natur. Den kann es auch nicht geben. Die Natur ist ein Feind, der immer von neuem besiegt werden muss. In jüngster Zeit haben wir die Ausbeutung unserer Bodenschätze verzehnfacht; die Einwohnerzahl wächst, und noch unvergleichbar schneller wachsen die Bedürfnisse. Die Gefahr, dass die natürlichen Reserven versiegen, war auf manchen Gebieten schon akut. Bisher haben wir diese Gefahr überwinden können, ohne das Leben verkürzen zu müssen – unseres und das unserer Nachkommen – aber jetzt wird dieser Kampf besonders ernst.«

»Bestehen denn bei Ihren technischen und wissenschaftlichen Voraussetzungen solche Gefahren? Sie sagen, das hätte es in Ihrer Geschichte schon mehrmals gegeben?«

»Vor siebzig Jahren, als die Steinkohlenvorräte versiegten und der Übergang zu Wasserkraft und elektrischer Energie längst nicht vollendet war, mussten wir einen großen Teil unserer Wälder abholzen, um die Maschinen umzurüsten. Das hat den Planeten auf Jahrzehnte verschandelt und das Klima verschlechtert. Als wir von dieser Krise genesen waren, gingen vor zwanzig Jahren die Eisenerze zur Neige. Eiligst wurden harte Aluminiumlegierungen erforscht, und ein Großteil der technischen Kräfte wurde für die Aluminiumgewinnung verwandt. Dazu brauchten wir viel elektrische Energie. Jetzt droht uns in dreißig Jahren ein

Nahrungsmangel, wenn bis dahin die Eiweißsynthese nicht gelingt«

»Und andere Planeten?« wandte ich ein. »Können Sie dort nicht finden, was dem Mangel abhilft?«

»Wo? Die Venus ist uns offenbar noch unzugänglich. Die Erde? Sie hat ihre Menschheit, und bisher ist nicht geklärt, wieweit wir ihre Reserven nutzen könnten. Für den Flug dorthin verbrauchen wir jedes Mal viel Energie, und die Vorräte an radioaktivem Material, um sie zu erzeugen, sind auf dem Mars sehr gering. Das hat mir Menni neulich erklärt. Nein, die Schwierigkeiten sind überall bedeutend, und je enger unsere Menschheit ihre Reihen schließt, um die Natur zu besiegen, umso enger verbünden sich auch die Naturkräfte, um sich zu rächen.«

»Es würde doch genügen, die Geburtenzahl zu verringern«, entgegnete ich.

»Die Geburtenzahl verringern? Das wäre doch der Sieg der Naturkräfte. Das wäre die Absage an das grenzenlose Wachstum des Lebens, wir würden auf der nächsten Stufe stehen bleiben. Denn wir siegen, solange wir angreifen. Wenn wir auf ein Anwachsen unserer Armee verzichten, werden uns die Naturkräfte bald von allen Seiten belagern. Dann sinkt der Glaube an unsere kollektive Kraft, an unser großes gemeinsames Lebensziel. Und mit diesem Glauben wird auch der Lebenssinn jedes einzelnen verloren gehen, weil in jedem von uns, den kleinen Zellen eines großen Organismus, das Ganze lebt, und jeder lebt in diesem Ganzen. Nein! Die Geburtenzahl zu senken wäre das Letzte, wozu wir uns entschlössen, und wenn das ohne unseren Willen geschieht, ist das der Anfang vom Ende.«

»Nun gut, ich verstehe, dass die Tragik des Ganzen stets existiert, wenigstens als drohende Möglichkeit. Vorläufig aber siegt noch die Menschheit, und der Einzelne ist vor dieser Tragödie ausreichend geschützt; selbst wenn eine direkte Gefahr einträte, würden die gigantischen Anstrengungen und Leiden so gleichmäßig auf zahllose Personen verteilt, dass ihr ruhiges Glück nicht ernsthaft gestört würde. Und für ein solches Glück gibt es hier alles, was man dazu braucht.«

»Ruhiges Glück! Kann denn der Einzelne nicht stark und tief die Erschütterungen des Ganzen spüren? Und entstehen nicht klaffende Widersprüche im Leben allein aus der Begrenztheit des Einzelwesens im Vergleich zum Ganzen, aus der Unmöglichkeit, völlig mit dem Ganzen zu verschmelzen, dieses Ganze mit seinem Bewusstsein vollständig zu erfassen? Sind Ihnen diese Widersprüche unverständlich? Das kommt daher, dass sie in Ihrer Welt von anderen, akuteren und gröberen Widersprüchen verdeckt werden. Der Kampf zwischen Klassen, Gruppen und Individuen zerstört auf der Erde die Idee des Ganzen und damit auch das Glück und die Leiden, die ihr innewohnen. Ich habe Ihre Welt gesehen und könnte nicht den zehnten Teil des Wahnsinns ertragen, in dem die Erdenmenschen leben. Aber gerade deshalb wage ich nicht zu entscheiden, wer von uns eher ein ruhiges Glück erreicht: Je geordneter und harmonischer ein Leben ist, umso qualvoller sind die unausbleiblichen Dissonanzen.«

»Sagen Sie, Enno, sind Sie etwa kein glücklicher Mensch? Jugend, Wissenschaft, Poesie, und sicherlich Liebe ... Was haben Sie Schweres erdulden müssen, um so eifernd von der Tragödie des Lebens zu reden?«

»Das haben Sie sehr gut erkannt«, sagte Enno lachend, aber das Lachen klang unecht. »Sie wissen nicht, dass der fröhliche Enno schon einmal sterben wollte. Und hätte ihm Menni nur einen Tag später die fünf Worte geschrieben, die seine Pläne umwarfen – ›Willst du zur Erde mitkommen?‹ – dann hätten Sie auf den fröhlichen Reisegefährten Enno verzichten müssen. Aber jetzt mag ich Ihnen das nicht erklären. Sie werden später selbst sehen, dass es bei uns nicht nur das friedliche und ruhige Glück gibt, von dem Sie gesprochen haben.«

Wir erhoben uns und kehrten ins Museum zurück. Ich konnte jedoch die Sammlungen nicht mehr systematisch betrachten, meine Gedanken schweiften ab. In der Skulpturenabteilung blieb ich vor einer neueren Statue stehen, die einen wunderschönen Knaben darstellte. Seine Gesichtszüge erinnerten an Netti. Am meisten staunte ich über die Kunst, mit der der Bildhauer in dem Knabenkörper, in den unvollendeten Zügen, in den fragenden Kinderaugen die ihm innewohnende Genialität verkörpert hatte. Ich stand lange Zeit unbeweglich vor der Statue, alles andere wich aus meinen Gedanken, bis mich Enno zur Besinnung rief.

»Das sind Sie«, sagte er, auf den Jungen zeigend. »Das ist Ihre Welt. Es wird eine wunderbare Welt, aber sie ist noch im Kindesalter; und sehen Sie, welch verworrene Träume, welch beunruhigende Bilder sein Bewusstsein bewegen. Er ist im Halbschlaf, aber er wird erwachen, ich fühle das, ich glaube zutiefst daran!«

In das freudige Gefühl, das diese Worte in mir erweckten, mischte sich ein seltsames Bedauern: Warum hat das nicht Netti gesagt!

5. Im Krankenhaus

Ich kehrte erschöpft nach Hause zurück, und nach zwei durchwachten Nächten und einem ganzen Tag völliger Arbeitsunfähigkeit beschloss ich, mich zu Netti zu begeben, weil ich mich nicht an einen Arzt des Chemie-Städtchens wenden wollte. Netti arbeitete seit dem Morgen im Krankenhaus.

Als er mich im Wartezimmer erblickte, kam er sogleich zu mir und betrachtete aufmerksam mein Gesicht. Dann nahm er mich an der Hand und führte mich in einen abgelegenen kleinen Raum, wo sich ein feiner Duft mit sanftem blauem Licht mischte; die Stille wurde durch nichts gestört. Netti hieß mich in einen bequemen Sessel setzen und sagte: »Denken Sie an nichts, machen Sie sich keine Sorgen! Die nehme ich heute auf mich. Ruhen Sie sich aus, ich komme bald wieder.«

Er ging fort, und ich dachte an nichts, sorgte mich um nichts, weil Netti all meine Gedanken und Sorgen auf sich genommen hatte. Das war sehr angenehm, und nach wenigen Minuten schlief ich ein. Als ich erwachte, stand Netti vor mir und sah mich lächelnd an.

»Ist Ihnen jetzt besser?« fragte er.

»Ich bin völlig gesund, Sie sind ein genialer Arzt«, antwortete ich. »Gehen Sie zu Ihren Kranken und kümmern Sie sich nicht um mich.«

»Meine Arbeit ist für heute beendet. Wenn Sie möchten, zeige ich Ihnen unser Krankenhaus«, schlug Netti vor.

Das interessierte mich sehr, und wir begaben uns auf einen Rundgang durch das weitläufige Gebäude.

Die chirurgische und die neurologische Klinik waren die weitaus größten Abteilungen. Viele Patienten lagen in der chirurgischen Klinik als Opfer von Arbeitsunfällen.

»Gibt es denn in den Fabriken nicht genügend Schutzvorrichtungen?« fragte ich Netti.

»Schutzvorrichtungen, die Unfälle völlig ausschließen, dürfte es kaum geben. Aber hier sind alle Patienten aus einem Gebiet mit einer Bevölkerung von mehr als zwei Millionen beisammen, da sind ein paar Dutzend Unfälle nicht viel. Meist sind es Neulinge, die sich mit den Maschinen noch nicht auskennen. Schließlich wechseln alle gern von einem Produktionszweig zum anderen. Spezialisten und Künstler werden besonders oft Opfer ihrer Zerstreutheit: Sie denken an andere Dinge oder grübeln über Probleme.«

»Die Nervenkranken sind wohl vor allem wegen Überanstrengung hier?«

»Ja, nicht wenige. Aber viele haben auch Krankheiten, die aus Ärgernissen und Krisen in Partnerschaften herrühren; auch andere seelische Erschütterungen, zum Beispiel der Tod eines geliebten Menschen, können eine Krankheit hervorrufen.«

»Sind hier auch Geisteskranke mit getrübtem oder verwirrtem Verstand?«

»Nein, hier nicht, dafür haben wir eigene Heilanstalten. Dort sind besondere Vorkehrungen getroffen, weil ein solcher Patient sich oder anderen Schaden zufügen könnte.«

»Wendet man in solchen Fällen auch Gewalt an?«

»Wenn es unbedingt notwendig ist, natürlich.«

»Schon zum zweiten Mal begegne ich Gewalt in Ihrer Welt. Das erste Mal war es in der Kinderstadt. Gelingt es Ihnen nicht, in Ihrem Leben völlig ohne Gewalt auszukommen? Müssen Sie die Gewalt zulassen?«

»Ja, wie wir Krankheit und Tod dulden oder eine bittere Medizin nehmen müssen. Welches vernünftige Wesen würde auf Gewalt zur Selbstverteidigung verzichten?«

»Das verringert die Kluft zwischen unseren Welten beträchtlich.«

»Der Hauptunterschied liegt gar nicht darin, dass es auf der Erde viel Gewalt und Zwang gibt, auf dem Mars wenig. Vielmehr geht es darum, dass bei Ihnen Gewalt und Zwang in Gesetze gekleidet werden, in äußere und innere Gesetze, in Rechtsnormen und moralische Regeln, die über dem Menschen stehen und ständig auf ihm lasten. Bei uns gibt es Gewalt entweder als Erscheinung einer Krankheit oder als vernünftiges Vorgehen eines vernünftigen Wesens. In keinem Falle werden daraus verbindliche Gesetze und Normen abgeleitet, niemand kann über einen anderen Menschen verfügen.«

»Aber man hat doch Regeln geschaffen, um die Freiheit von Geisteskranken oder Kindern einzuschränken.«

»Ja, rein wissenschaftliche Regeln über den Umgang mit Kranken und Kindern. Freilich sind in diesen Regeln nicht alle Fälle von unvermeidlicher Gewalt erfasst. Das hängt von den Umständen ab.«

»Dann ist trotzdem echte Willkür von Seiten der Erzieher, Ärzte und Krankenpfleger möglich.«

»Was bedeutet das Wort Willkür? Wenn es unnötige, überflüssige Gewalt bedeutet, ist sie nur seitens eines kranken Menschen möglich, der selber einer Behandlung bedarf. Ein vernünftiger und bewusst handelnder Mensch ist dazu natürlich unfähig.«

Nachdem wir Krankenzimmer, Operationssäle, Medikamentenräume und Wohnungen des Pflegepersonals besichtigt hatten, begaben wir uns in das obere Stockwerk und gelangten in einen großen schönen Saal, dessen durchsichtige Wände den Blick auf den See, die Wälder und die fernen Berge freigaben. Der Raum war von herrlichen Statuen und Bildern geschmückt, die Einrichtung war kostbar und erlesen.

»Das ist das Sterbezimmer«, sagte Netti.

»Bringen Sie alle Sterbenden hierher?«

»Ja, oder sie kommen selber her.«

»Können denn Ihre Sterbenden noch laufen?« wunderte ich mich.

»Wenn sie körperlich gesund sind, natürlich.«

Ich begriff, dass es sich um Selbstmörder handelte.

»Sie stellen Selbstmördern diesen Raum zur Verfügung, damit sie ihre Tat ausführen können?«

»Ja, und alle Mittel für einen friedlichen, schmerzlosen Tod.«

»Und das lassen Sie ohne Weiteres zu?«

»Warum sollten wir das nicht zulassen, wenn das Bewusstsein des Patienten klar und die Entscheidung unumstößlich ist? Ein Arzt schlägt dem Sterbewilligen natürlich vor, mit ihm zu sprechen. Manche gehen darauf ein, andere nicht.«

»Ist Selbstmord sehr häufig?«

»Ja, besonders unter alten Menschen. Wenn die Erlebnisfähigkeit abnimmt und abstumpft, ziehen es viele vor, nicht auf das natürliche Ende zu warten.«

»Es dürfte doch auch vorkommen, dass unter den Selbstmördern junge Menschen voller Kraft und Gesundheit sind?«

»Ja, das kommt vor, aber nicht häufig. Solange ich im Krankenhaus bin, gab es nur zwei solche Fälle. Beim dritten ist es gelungen, die Tat abzuwenden.«

»Wer waren diese Unglücklichen, und was hat sie zu dieser Tat getrieben?«

»Der erste war mein Lehrer, ein bedeutender Arzt, der die medizinische Wissenschaft sehr vorangebracht hat. Seine Fähigkeit, die Leiden anderer Menschen mitzuempfinden, war übermäßig entwickelt. Deshalb ist er Arzt geworden, und das hat ihn auch umgebracht. Er hat seinen Seelenzustand so gut vor allen verborgen, dass die Katastrophe völlig überraschend kam. Sie geschah nach einer schweren Epidemie, die beim Trockenlegen einer Meeresbucht ausgebrochen war. Ursache der Epidemie waren Millionen Fische, die umgekommen und verwest waren. Die Krankheit war qualvoll wie die Cholera auf der Erde, aber weitaus gefährlicher, und in neun von zehn Fällen endete sie mit dem Tod. Die Ärzte konnten nicht einmal die Bitten ihrer Kranken um einen schnellen und leichten Tod erfüllen: Ein Mensch, der von einer schlimmen fieberhaften Erkrankung heimgesucht wird, ist schließlich nicht bei klarem Verstand, um frei eine solche Entscheidung zu treffen. Mein Lehrer arbeitete wie ein Besessener, und er fand ziemlich bald ein Mittel gegen diese Epidemie. Danach wollte er nicht weiterleben.«

»Wie alt war er?«

»Auf der Erde wäre er ungefähr fünfzig Jahre alt gewesen. Bei uns ist ein Fünfzigjähriger noch ein junger Mensch.«

»Und der zweite Fall?«

»Das war eine Frau, die Mann und Kind zugleich verloren hatte.«

»Und der dritte?«

»Das könnte Ihnen nur der Betroffene selber sagen.«

»Das ist wahr«, pflichtete ich ihm bei. »Aber erklären Sie mir etwas anderes: Warum bleiben die Marsmenschen so lange jung? Ist das eine Besonderheit Ihrer Menschen, die Folge besserer Lebensbedingungen? Oder hat das einen anderen Grund?«

»Eine Besonderheit der Menschen unseres Planeten ist es nicht; vor zweihundert Jahren haben wir nur halb so lange gelebt. Bessere Lebensbedingungen? Ja, in hohem Maße wohl. Aber nicht nur. Das Wichtigste ist unsere Lebenserneuerung.«

»Was ist das?«

»Eigentlich eine ganz einfache Sache, doch Ihnen wird sie merkwürdig vorkommen. Dabei könnte sie auch auf der Erde schon angewandt werden. Um die Lebensfähigkeit der Zellen oder der Organismen zu erhöhen, ergänzt die Natur bekanntlich ein Individuum durch ein anderes. Zu dem Zweck verschmelzen zwei einzellige Lebewesen, wenn ihre Lebenskraft abnimmt, und nur auf diesem Wege gewinnen sie ihre Vermehrungsfähigkeit in vollem Maße wieder – das ist die ›Unsterblichkeit‹ ihres Protoplasmas.

Denselben Sinn hat auch die geschlechtliche Vermehrung höherer Pflanzen und Tiere: Hier vereinigen sich ebenfalls Elemente zweier Lebewesen, um den vollkommeneren Keim eines dritten Lebewesens zu erzeugen. Auf der Erde kennt man schon die Anwendung von Blutserum, um bestimmte Eigenschaften von einem Lebewesen auf ein anderes zu übertragen – beispielsweise erhöhte Widerstandskraft gegen bestimmte Krankheiten.

Wir gehen weiter und nehmen einen Blutaustausch zwischen zwei Menschen vor. Jeder überträgt auf den anderen Eigenschaften, die seine Lebenskraft fördern. Dabei werden einfach die Venen beider Menschen an entsprechende Geräte angeschlossen. Wenn man alle Vorsichtsmaßnahmen beachtet, ist das völlig ungefährlich. Das Blut des einen Menschen lebt im Organismus des anderen weiter, wobei es sich mit dem vorhandenen Blut mischt und bewirkt, dass alle Gewebe regeneriert werden.«

»Kann man auf diese Weise auch Greisen die Jugend wiedergeben, indem man junges Blut in ihre Adern gießt?«

»Zum Teil ja, aber nicht vollständig, denn das Blut ist schließlich nicht alles im Organismus, und es wird ständig erneuert. Deshalb altert ein junger Mensch nicht vom Blut eines Älteren: Das Schwache, Greisenhafte wird vom jungen Organismus schnell überwunden, gleichzeitig aber eignet er sich vieles an, was ihm fehlt. Die Energie und Anpassungsfähigkeit seiner Lebensfunktionen erhöhen sich ebenfalls.«

»Warum nutzt unsere Medizin dieses Mittel nicht, wenn es so einfach ist? Sie kennt doch die Blutübertragung seit mehreren Hundert Jahren.«

»Ich weiß es nicht, vielleicht gibt es besondere organische Bedingungen, sodass dieses Mittel bei Ihnen nicht wirkt. Oder Ihre Auffassung vom Individuum ist schuld daran, denn auf der Erde ist ein Mensch von anderen stark abgegrenzt, und der Gedanke an eine lebendige Vereinigung ist Ihren Gelehrten bisher fremd.

Außerdem gibt es auf der Erde viele Krankheiten, die das Blut vergiften, Krankheiten, von denen die Kranken oft selbst nichts wissen und die sie manchmal sogar verheimlichen. Die in Ihrer Medizin praktizierte – übrigens sehr selten praktizierte – Blutübertragung hat mehr philanthropischen Charakter: Wer viel hat, gibt einem anderen, der beispielsweise infolge einer Verletzung Blut verloren hat, etwas ab.

Das wird natürlich auch bei uns gemacht, aber jeder hat Anspruch auf das, was unserer gesamten Ordnung entspricht: den kameradschaftlichen Austausch des Lebens nicht nur geistig, sondern auch körperlich.«

6. Arbeit und Gespenster

Die Eindrücke der ersten Tage, die als mächtige Lawine auf mich einstürzten, gaben mir eine Vorstellung von den Ausmaßen der bevorstehenden Arbeit. Vor allem musste ich diese so unermesslich reiche und in ihren Lebensformen originelle Welt begreifen. Ich durfte sie nicht wie ein Museumsbesucher betrachten, sondern musste als Mensch unter Menschen, als Arbeiter unter Arbeitern an ihr teilhaben. Nur dann konnte ich meine Mission erfüllen und das Anfangsglied einer echten wechselseitigen Verbindung zweier Welten sein. Als Sozialist stand ich auf der Grenzlinie zwischen diesen Welten – ein unendlich kleiner Punkt der Gegenwart zwischen Vergangenheit und Zukunft.

Beim Abschied im Krankenhaus sagte Netti zu mir: »Nichts überstürzen!« Er hatte gut reden! Ich musste mich beeilen, musste alle meine Kräfte, meine ganze Energie einsetzen, weil die Verantwortung so groß war! Welch kolossalen Nutzen, welch gigantischen Fortschritt, welch schnelles Aufblühen musste der lebendige, energische Einfluss einer höheren, starken und harmonischen Kultur unserer alten, gequälten Menschheit bringen! Jedes Versäumnis bei meiner Arbeit konnte das hinauszögern. Nein, zum Abwarten, zum Ausruhen war keine Zeit.

Ich arbeitete sehr viel, beschäftigte mich mit der Wissenschaft und Technik der neuen Welt, studierte das gesellschaftliche Leben, las Literatur. Vieles war schwierig.

Die wissenschaftlichen Methoden verwirrten mich: Ich eignete sie mir mechanisch an, überzeugte mich bei Versuchen, dass sie leicht, einfach und fehlerlos anzuwenden waren, und dennoch verstand ich sie nicht; ich begriff nicht, warum sie zum Ziele führten, wo sie mit den lebendigen Erscheinungen verbunden waren, worin ihr Wesen bestand. Ebenso würde es einem Mathematiker des 17. Jahrhunderts ergehen, der nicht die lebendige Dynamik unendlich kleiner Größen erfassen könnte.

Die gemeinsamen Beratungen der Marsmenschen verblüfften mich durch ihren konzentriert-sachlichen Charakter. Ob es sich um wissenschaftliche Probleme, um Arbeitsorganisation oder sogar um Kunst handelte – die Vorträge und Reden waren sehr komprimiert und kurz, die Argumentation war bestimmt und präzise, niemand wiederholte sich oder gab nochmals die Meinung eines anderen wieder. Die meist einstimmigen Entscheidungen wurden mit märchenhafter Schnelligkeit verwirklicht. Wissenschaftler einer Fachrichtung entschieden, man solle ein neues Institut schaffen, Arbeitsstatistiker verlangten eine neue Fabrik, die Einwohner einer Stadt wollten ihre Stadt mit einem Gebäude verschönen – flugs erschienen neue Ziffern der notwendigen Arbeitsstunden, die von der Zentrale errechnet wurden, hunderte und tausende Arbeiter kamen angeflogen, in wenigen Tagen oder Wochen war alles vollbracht, und die Arbeiter verschwanden wieder. Das wirkte wie Zauberei, wie seltsame, ruhige und kalte Magie ohne Beschwörungen und mystisches Beiwerk, jedoch umso rätselhafter in seiner übermenschlichen Kraft.

Die Lektüre von Büchern, selbst rein künstlerischer Werke, war für mich weder Erholung noch Entspannung. Die Bilder schienen unkompliziert und klar zu sein, blieben mir jedoch innerlich fremd. Ich wollte tiefer eindringen, sie verstehen lernen, aber dann hüllten sich diese Bilder in Nebel und wurden gespenstisch.

Wenn ich ins Theater ging, bedrückte mich ebenfalls das Gefühl, nichts zu begreifen. Die Stoffe waren einfach, gespielt wurde vortrefflich, doch das Leben blieb fern. Die Helden sprachen so zurückhaltend und sanft, sie verhielten sich so ruhig und äußerten kaum Gefühle, als wollten sie dem Zuschauer keinerlei Stimmungen aufzwingen, als wären sie vollkommene Philosophen, und zwar in idealisierter Gestalt. Lediglich historische Stücke aus ferner Vergangenheit weckten in gewissem Maße vertraute Eindrücke, die Akteure spielten ebenso lebhaft und taten ihre privaten Gefühle so offen kund, wie ich es in unseren Theatern gewohnt war.

Ins Theater unseres Städtchens zog mich vor allem ein Umstand: Dort traten gar keine Schauspieler auf. Die Stücke wurden entweder mit optischen und akustischen Apparaten aus großen Städten übertragen, oder es wurden zumeist alte Aufführungen gezeigt, manchmal so alt, dass die Darsteller längst gestorben waren. Die Marsbewohner, die Fotografien in natürlichen Farben kennen, lichten auf diese Weise auch das Leben in Bewegung ab. Aber sie vereinigen nicht nur Kinematografie und Fotografie, was man, obschon sehr unzulänglich, auch auf der Erde in den Lichtspielhäusern tut, sondern sie nutzen die Idee des Stereoskops und verwandeln die kinematografischen Ablichtungen in plastische Bilder. Auf die Leinwand werden gleichzeitig zwei Filme projiziert, die zwei Hälften eines Stereogramms, und im Zuschauerraum ist vor jedem Sessel eine stereoskopische Brille befestigt, welche die flachen Abbildungen in dreidimensionale verwandelt. Ich sah klar und deutlich lebendige Menschen, die redeten, ihre Gedanken und Gefühle ausdrückten, sich bewegten, und gleichzeitig wusste ich, dass sich dort lediglich eine matte Leinwand und dahinter ein Phonograph und eine elektrische Lampe mit einem Zeitmechanismus befanden. Das war beinahe mystisch-seltsam und ließ unklare Zweifel an der Wirklichkeit aufkommen.

All das erleichterte mir nicht die Aufgabe, die fremde Welt verstehen zu lernen. Ich brauchte fremde Hilfe. Aber ich wandte mich immer seltener an Menni. Es war mir peinlich, meine Schwierigkeiten in all ihrem Ausmaß zu offenbaren. Zudem war Menni gerade mit wichtigen Forschungen auf dem Gebiet der Minus-Materie beschäftigt. Er arbeitete unermüdlich, schlief oft die ganze Nacht nicht, sodass ich ihn nicht stören und ablenken wollte. Sein Arbeitseifer stachelte mich vielmehr an, in meinen Bemühungen fortzufahren.

Die anderen Freunde waren zeitweilig meinem Gesichtskreis entschwunden. Netti leitete auf der anderen Halbkugel die Einrichtung einer neuen riesigen Klinik. Enno war als Sternis Assistent sehr beansprucht; in seinem Observatorium wurden die Messungen und Berechnungen vorgenommen, die man für neue Reisen zur Erde und zur Venus benötigte; man plante auch Expeditionen zum Mond und zum Merkur, um diese Himmelskörper zu fotografieren und von dort Gesteinsproben mitzubringen. Mit anderen Marsbewohnern verkehrte ich nicht, ich beschränkte mich auf notwendige Fragen und sachliche Gespräche. Es fiel mir schwer, mich fremden und höheren Wesen zu nähern.

Im Laufe der Zeit schritt meine Arbeit nicht übel voran. Ich brauchte immer weniger Erholung und sogar Schlaf. Was ich lernte, erfasste mein Hirn, das offenbar noch viel mehr aufnehmen konnte, mechanisch leicht. Freilich, wenn ich nach alter Gewohnheit versuchte, das Gelernte genau zu formulieren, gelang es mir meist nicht, aber ich hielt das nicht für wichtig und meinte, mir würden einfach die Wörter für Einzelheiten und Kleinigkeiten fehlen, während ich das Wesentliche begriffen hätte.

Meine Arbeit machte mir bald keinen Spaß mehr. Das ist völlig verständlich, dachte ich. Nach allem, was ich gesehen und erfahren habe, kann mich kaum noch etwas verwundern. Arbeit braucht nicht angenehm zu sein, ich muss nur alles Notwendige beherrschen.

Nur eines war lästig: Ich konnte mich immer weniger auf einen Gegenstand konzentrieren. Meine Gedanken schweiften ab, Erinnerungen stiegen plötzlich auf und ließen mich die Umgebung vergessen, raubten mir kostbare Minuten. Wenn ich das bemerkte, schreckte ich auf und machte mich mit neuem Eifer an die Arbeit; aber kaum waren ein paar Minuten verstrichen, beherrschten wiederum Fantasien oder flüchtige Bilder der Vergangenheit mein Hirn, und wiederum musste ich sie mit größter Anstrengung zurückdrängen.

Immer häufiger beunruhigte mich der Gedanke, ich hätte etwas Wichtiges und Eiliges nicht ausgeführt, hätte etwas für immer vergessen. Wieder tauchten bekannte Gesichter und verflossene Ereignisse auf, sie trugen mich in unaufhaltsamem Strom immer weiter zurück, bis in meine Jugend und frühe Kindheit, die sich in verschwommenen Empfindungen verlor. Danach war ich besonders zerstreut.

Ein innerer Widerstand verwehrte es mir, mich auf eine Sache zu konzentrieren, immer öfter und schneller wechselte ich von einem Gegenstand zum anderen. Dafür hatte ich absichtlich ganze Bücherstapel in meinem Zimmer angehäuft und im Voraus bestimmte Seiten aufgeschlagen. Außerdem lagen auf meinem Schreibtisch Tabellen, Karten, Stereogramme und Phonogramme. So wollte ich Zeitverlust vermeiden, aber die Zerstreutheit schlich sich immer unmerklicher in mein Hirn, und ich ertappte mich dabei, dass ich schon lange auf einen Punkt starrte, ohne etwas zu begreifen.

Legte ich mich ins Bett und sah durch das gläserne Dach in den Nachthimmel, begann mein Geist eigenmächtig und mit erstaunlicher Lebhaftigkeit zu arbeiten. Ganze Seiten von Zahlen und Formeln marschierten mit solcher Klarheit auf, dass ich sie Zeile für Zeile lesen konnte. Aber diese Bilder machten bald anderen Platz. Dann erblickte ich ein Panorama von Bildern, die nichts mit meiner Arbeit und meinen Sorgen zu tun hatten: Irdische Landschaften, Theaterszenen oder Ansichten aus Kindermärchen spiegelten sich ruhig in meiner Seele, tauchten unter und verwandelten sich, ohne mich innerlich zu berühren – höchstens, dass schwache Neugier aufkeimte, der ein angenehmer Beigeschmack anhaftete. Diese Bilder wurden anfangs im Innern meines Bewusstseins projiziert, ohne sich mit der Umgebung zu vermengen, dann verdrängten sie die Wirklichkeit, und ich sank in einen Schlaf voller wirrer Träume, einen unruhigen Schlaf, der mir nicht das gab, was ich brauchte – Erholung.

Ein Rauschen in den Ohren hatte mich schon lange beunruhigt, jetzt wurde es immer anhaltender und stärker, sodass es mich beim Abhören der Phonogramme störte, und in den Nächten verscheuchte es den letzten Schlaf. Von Zeit zu Zeit traten aus dem Rauschen menschliche Stimmen hervor, bekannte und unbekannte, manchmal schien mich jemand mit Namen anzusprechen, manchmal vermeinte ich ein Gespräch zu vernehmen, dessen Worte ich in dem Rauschen nicht verstehen konnte. Ich begriff, dass ich nicht völlig gesund war, umso mehr, als ich immer zerstreuter wurde und nicht einmal mehrere Zeilen hintereinander lesen konnte.

Das ist einfach Übermüdung, dachte ich. Ich habe zu viel gearbeitet und muss mich mehr ausruhen. Aber Menni braucht das nicht zu wissen, das gliche zu sehr einer Kapitulation gleich zu Beginn meines Werkes.

Wenn Menni in mein Zimmer kam – das geschah damals nicht oft – tat ich, als sei ich sehr beschäftigt. Er meinte, ich wäre zu fleißig und würde mich überanstrengen.

»Heute sehen Sie nicht gesund aus«, sagte er.

»Schauen Sie in den Spiegel, wie Ihre Augen glänzen und wie blass Sie sind. Sie müssen verschnaufen, danach holen Sie alles leicht auf.«

Ich wollte es tun, aber es gelang mir nicht. Eigentlich tat ich fast gar nichts mehr, denn mich ermüdete schon die kleinste Anstrengung, und der Strom lebendiger Bilder und Erinnerungen riss Tag und Nacht nicht ab. Die Umgebung verblasste und wurde zu einer Geisterwelt.

Schließlich musste ich mich geschlagen geben. Ich wurde immer schlaffer und apathischer und konnte immer weniger gegen meinen Zustand ankämpfen. Als ich eines Morgens aufstand, wurde mir schwarz vor den Augen. Das verging bald, und ich trat ans Fenster und betrachtete die Parkbäume. Plötzlich spürte ich, dass mich jemand ansah. Ich drehte mich um – vor mir stand Anna Nikolajewna. Ihr Gesicht war bleich und traurig, in ihrem Blick las ich Vorwürfe. Das betrübte mich, und ohne mich im Geringsten über das Seltsame der Erscheinung zu wundern, schritt ich auf sie zu und wollte sie ansprechen. Aber sie verschwand, als wäre sie ein Geist.

Da begann eine Gespensterorgie. An vieles erinnere ich mich nicht mehr, und offenbar war mein Verstand im Wachen so verwirrt wie im Traum. Die unterschiedlichsten Menschen, denen ich im Leben begegnet war, sogar völlig unbekannte Leute kamen und gingen, oder sie tauchten plötzlich auf und verschwanden wieder. Aber alles waren Erdenmenschen, meist solche, die ich lange Zeit nicht gesehen hatte – Schulkameraden, mein jüngerer Bruder, der schon als Kind gestorben war. Einmal sah ich durchs Fenster einen bekannten Spitzel, der mich mit unsteten Raubtieraugen musterte und boshaft lächelte. Die Gespenster sprachen nicht mit mir, doch nachts, wenn es still war, verstärkten sich die akustischen Halluzinationen, wurden zu zusammenhängenden, aber sinnlosen, inhaltsleeren Gesprächen, meist zwischen mir unbekannten Personen: Ein Fahrgast feilschte mit einem Kutscher, ein Verkäufer pries einem Kunden einen Stoff an, Studenten lärmten im Auditorium der Universität, und der Subinspektor bat um Ruhe, weil der Herr Professor gleich erscheinen würde. Die optischen Halluzinationen waren wenigstens interessant, sie störten mich weit weniger.

Nach Anna Nikolajewnas Erscheinen erzählte ich selbstverständlich alles Menni. Er empfahl mir gleich Ruhe, rief einen Arzt und telefonierte über sechstausend Kilometer mit Netti. Der Arzt wagte nichts zu unternehmen, weil er die Körperfunktionen von Erdenmenschen ungenügend kannte, in jedem Fall wäre jedoch das Wichtigste für mich Ruhe und Entspannung, dann sei es nicht gefährlich, die wenigen Tage bis zu Nettis Ankunft abzuwarten.

Netti erschien nach drei Tagen, er hatte seine Arbeit jemand anderem übergeben. Als er mich sah, blickte er Menni vorwurfsvoll an.

7. Netti

Trotz der Behandlung durch den Arzt Netti dauerte die Krankheit mehrere Wochen. Ich lag im Bett, ruhig und apathisch, und beobachtete gleichermaßen teilnahmslos Wirklichkeit und Gespenster; sogar Nettis ständige Anwesenheit ließ mich nur ein schwaches, kaum merkliches Gefühl der Zufriedenheit empfinden.

Es kommt mir merkwürdig vor, wenn ich mich an meine Halluzinationen erinnere: Obwohl ich mich oftmals von ihrer Unwirklichkeit überzeugt hatte, vergaß ich das jedes Mal, sobald sie erschienen. Selbst wenn mein Geist nicht verworren und getrübt war, hielt ich sie für wirkliche Personen und Dinge. Erst wenn sie verschwanden oder verschwunden waren, wurde mir ihr Wesen bewusst.

Netti versuchte vor allem, mich zum Schlafen und Ausruhen zu bewegen. Auch er wagte jedoch nicht, mir Medikamente zu verabreichen, weil er befürchtete, sie könnten sich bei einem irdischen Organismus als Gift erweisen. Einige Tage versuchte er vergeblich, mich mit seinen üblichen Methoden einzuschläfern: Die Wahnbilder zerstörten die Wirkung der Suggestion. Endlich wurden sie von Netti bezwungen, und als ich nach zwei oder drei Stunden Schlaf erwachte, sagte er: »Jetzt werden Sie bestimmt genesen, obwohl Sie noch ziemlich lange krank sein werden.«

Netti hatte sich nicht getäuscht. Die Halluzinationen kamen seltener, aber sie waren nicht weniger lebendig und klar, sie wurden sogar etwas komplizierter – manchmal unterhielten sich die gespenstischen Gäste mit mir.

Von diesen Gesprächen hatte für mich nur eines Sinn und Bedeutung. Das war vor meiner Genesung.

Als ich morgens erwachte, sah ich wie gewöhnlich Netti an meinem Bett, und hinter seinem Stuhl stand ein alter Genosse, der Agitator Ibrahim, ein bejahrter Mann und boshafter Spötter. Er schien auf etwas zu warten. Als Netti hinausgegangen war, um das Bad zu bereiten, fuhr mich Ibrahim grob an: »Du Dummkopf! Was gaffst du so? Siehst du denn nicht, was dein Doktor ist?«

Ich wunderte mich nicht allzu sehr über die Anspielung, die in den Worten enthalten war, und der zynische Tonfall regte mich nicht auf – von Ibrahim war ich ihn gewohnt. Aber ich erinnerte mich an den festen Druck von Nettis kleiner Hand und glaubte Ibrahim nicht.

»Umso schlimmer für dich!« sagte er mit verächtlichem Lächeln und verschwand.

Netti kam ins Zimmer. Bei seinem Anblick spürte ich eine seltsame Beklommenheit. Er schaute mich durchdringend an.

»Wie schön«, sagte er. »Sie werden bald gesund sein.«

Danach war er den ganzen Tag besonders schweigsam und versonnen. Am nächsten Tag, als er sich davon überzeugt hatte, dass ich mich wohlfühlte und die Halluzinationen nicht wiederkamen, überließ er mich der Obhut eines anderen Arztes. An den folgenden Tagen erschien Netti nur abends, um mich für die Nacht einzuschläfern. Da wurde mir klar, wie wichtig und angenehm seine Anwesenheit für mich war. Mit den Strömen an Gesundheit, die sich aus der Natur in meinen Organismus ergossen, kamen mir immer häufiger Gedanken über Ibrahims Andeutung. Ich versuchte mich zu überzeugen, dass das Unsinn sei, die Ausgeburt eines kranken Hirns. Warum hätten mich Netti und die anderen Freunde täuschen sollen? Dennoch blieb ein Zweifel, der mir lieb war.

Einmal fragte ich Netti, womit er sich gerade beschäftige. Er erklärte mir, man berate über neue Expeditionen zu anderen Planeten, und er werde dabei als Fachmann gebraucht. Menni leitete die Beratungen, aber weder Netti noch er beabsichtigten, bald abzufliegen. Ich war erleichtert.

»Und Sie wollen nicht wieder heim auf die Erde?« fragte Netti. Hinter seinen Worten verbarg sich Erregung.

»Ich habe doch bisher nichts tun können«, antwortete ich.

Nettis Züge hellten sich auf.

»Sie irren sich, denn Sie haben viel getan ... sogar mit dieser Antwort.«

Er schien auf etwas anzuspielen, was ich nicht wusste, was aber mich betraf.

»Kann ich nicht an einer Beratung teilnehmen?« fragte ich.

»Auf keinen Fall!« erwiderte Netti entschieden. »Sie brauchen unbedingte Ruhe und müssen noch mehrere Monate alles vermeiden, was mit Ihrer Erkrankung zusammenhängt.«

Ich stritt nicht mit ihm. Mir war in meiner Lage so wohl, und meine Pflicht gegenüber der Menschheit rückte in weite Ferne. Immer stärker beunruhigten mich jedoch seltsame Gedanken an Netti.

Eines Abends stand ich am Fenster und blickte auf das geheimnisvolle rote »Grün« des Parks, alles kam mir herrlich vor, dort gab es nichts, was meinem Herzen fremd war. Jemand klopfte zaghaft an meine Tür, und ich spürte gleich, dass es Netti war. Er kam mit seinen schnellen, leichten Schritten herein und streckte mir lächelnd die Hand entgegen – eine vertraute irdische Begrüßung, die ihm gefiel. Ich drückte seine Hand mit solcher Kraft, dass ich ihm bald die Finger brach.

»Nun, ich merke, meine Rolle als Arzt ist zu Ende«, sagte er lachend. »Trotzdem muss ich Sie noch ein bisschen ausfragen, um das zweifelsfrei festzustellen.«

Er stellte viele Fragen, ich antwortete ihm in unverständlicher Verwirrung und las ein heimliches Lachen in seinen großen Augen. Schließlich hielt ich es nicht mehr aus und fragte: »Erklären Sie mir, warum es mich so stark zu Ihnen hinzieht? Warum bin ich so glücklich, wenn ich Sie sehe?«

»Am ehesten wohl, weil ich Sie geheilt habe, und Sie übertragen die Freude über Ihre Genesung auf mich. Und vielleicht noch ... weil ich eine Frau bin.«

Ein Blitz zuckte, mir wurde schwarz vor Augen, mein Herz schien stillzustehen. Eine Sekunde später presste ich Netti wie ein Wahnsinniger an mich, küsste ihre Hände, ihr Gesicht, ihre großen Augen.

Netti ließ sich großmütig meine ungezügelten Zärtlichkeiten gefallen. Als ich aus meiner Verzücktheit zu mir kam und wiederum ihre Hände küsste, Tränen der Dankbarkeit in den Augen, sagte Netti mit liebem Lächeln: »Mir war eben so, als hätte ich Ihre ganze junge Welt in Ihrer Umarmung gespürt. Ihr Despotismus, ihr Egoismus, ihr heftiges Glücksverlangen – all das war in Ihren Liebkosungen. Diese Liebe ist dem Mord verwandt. Aber ... ich liebe Sie, Lenni.«

Das war das Glück.

Teil III

1. Das Glück

Diese Monate ... Wenn ich mich an sie erinnere, erbebt mein Körper, ein Nebel verschleiert meine Augen, und alles ringsumher erscheint nichtig. Es gibt keine Worte, um das vergangene Glück zu beschreiben.

Die neue Welt war mir nahe und anscheinend völlig verständlich. Vergangene Niederlagen bedrückten mich nicht, Jugend und Selbstvertrauen waren zurückgekehrt und sollten nie mehr schwinden. Ich hatte einen verlässlichen und starken Verbündeten, für Schwäche war kein Raum, die Zukunft gehörte mir.

An das Vergangene dachte ich selten, höchstens an Dinge, die Netti und mich betrafen.

»Warum haben Sie mir verheimlicht, dass Sie eine Frau sind?« hatte ich sie an dem Abend gefragt.

»Zuerst haben Sie mich aus Unkenntnis für einen Mann gehalten. Dann habe ich Ihren Irrtum bewusst gefördert und sogar an meinem Anzug alles verändert, was mich verraten hätte. Mich schreckte die Schwierigkeit Ihrer Aufgabe, und ich befürchtete, sie noch mehr zu komplizieren, da ich Ihre unbewusste Neigung bemerkt hatte. Ich war mir über mich selbst nicht im Klaren ... bis zu Ihrer Erkrankung.«

»Sie hat das also entschieden. Wie dankbar ich meinen lieben Halluzinationen bin!«

»Ja, als ich von Ihrer Krankheit hörte, war das wie ein Schock. Hätte ich Sie nicht heilen können, wäre ich wohl gestorben.«

Nach kurzem Schweigen fügte sie hinzu: »Übrigens ist unter Ihren Freunden noch eine Frau, von der Sie das nicht vermutet haben, und sie mag Sie ebenfalls sehr … natürlich nicht so, wie ich …«

»Enno!« erriet ich sofort.

»Natürlich. Auch Enno hat Sie auf meinen Rat hin absichtlich getäuscht.«

»Ach, wie viel Betrug und Hinterlist es in Ihrer Welt gibt!« sagte ich mit scherzhaftem Pathos. »Hoffentlich bleibt Menni ein Mann, denn wenn ich mich in ihn verliebte, wäre das schrecklich.«

»Ja, schrecklich«, bestätigte Netti versonnen, und ich verstand ihren seltsamen Ernst nicht.

Die Tage vergingen, und ich eroberte froh eine wunderbare neue Welt.

2. Der Abschied

Und dennoch kam der Tag, an den ich nicht ohne Verwünschungen denken kann. Der schwarze Schatten der unvermeidlichen, verhassten Trennung legte sich zwischen Netti und mich.

Mit ruhiger Miene erklärte Netti, sie müsse mit einer großen Expedition, die unter Mennis Leitung ausgerüstet worden war, auf die Venus fliegen. Als sie sah, wie verstört ich auf diese Nachricht reagierte, fügte sie hinzu: »Die Trennung wird nicht lange dauern. Bei einem Erfolg, an dem ich nicht zweifle, kehrt ein Teil der Expedition sehr bald zurück – darunter auch ich.«

Dann erläuterte sie mir, worum es ging. Auf dem Mars versiegten die Vorräte an radioaktiver Materie, die als Treibstoff für interplanetare Flüge und als Energie zur Zerlegung und Synthese aller Elemente diente. Es gab kein Mittel, diese Materie zu regenerieren. Die Venus, die viermal jünger als der Mars ist, hatte nach unzweifelhaften Anzeichen riesige Radiumlager. Auf einer Insel, die inmitten des größten Ozeans lag und von den Marsbewohnern den Namen »Insel der heißen Stürme« erhalten hatte, waren die reichsten Funde entdeckt worden, und dort wollte man unverzüglich mit dem Abbau beginnen. Zuerst musste man jedoch sehr hohe und feste Mauern errichten, um die Arbeiter vor dem feuchten und heißen Wind zu schützen, der in seiner Heftigkeit die Sandstürme in unseren Wüsten weit übertrifft. Deshalb brauchte man eine Expedition von zehn Sternschiffen mit fast zweitausend Menschen, darunter nur hundert Chemiker, die anderen waren Bauspezialisten. Die besten Wissenschaftler und die erfahrensten Ärzte wurden hinzugezogen, denn gesundheitsschädlich waren neben dem Klima auch die Strahlen der radioaktiven Materie. Netti erklärte, sie hätte sich nicht weigern können, an der

Expedition teilzunehmen. Man beabsichtigte jedoch, bei gutem Gelingen der Arbeiten schon nach drei Monaten ein Sternschiff mit Nachrichten und gewonnenem Material zurückzuschicken. Mit diesem Sternschiff sollte auch Netti heimkehren, sie würde also nur zehn bis elf Monate fort sein.

Ich konnte nicht verstehen, warum Netti unbedingt mitfliegen musste. Sie sagte mir, das Unternehmen sei äußerst wichtig, und es sei auch für meine Aufgabe von großer Bedeutung, da ein Erfolg häufige Flüge zur Erde ermögliche. Jeder Fehler bei der medizinischen Betreuung aber könne die Expedition von Anfang an scheitern lassen. All das klang überzeugend – ich hatte schon erfahren, dass Netti als bester Arzt für Fälle galt, die den Rahmen bisheriger medizinischer Erfahrung sprengten – und dennoch schien das nicht alles zu sein. Etwas blieb unausgesprochen.

An einem zweifelte ich nicht – an Netti und ihrer Liebe. Wenn sie sagte, sie müsse fliegen, dann war das notwendig. Und wenn sie mir den Grund nicht anvertraute, durfte ich sie nicht ausfragen. Ich sah Angst und Schmerz in ihren herrlichen Augen, als sie sich einmal unbeobachtet glaubte.

»Enno wird dir eine gute Freundin sein«, sagte Netti mit traurigem Lächeln, »und vergiss Nella nicht, sie liebt dich meinetwegen. Nella ist klug und erfahren, sie wird dir in schweren Stunden beistehen. Du darfst nur an das Eine denken: dass ich bald wiederkomme.«

»Ich glaube an dich, Netti«, sagte ich, »und deshalb glaube ich an mich, den Mann, den du liebst.«

»Du hast Recht, Lenni. Ich bin überzeugt, dass du dir bei allen Schicksalsschlägen und Katastrophen treu bleiben wirst, du wirst stärker und reiner daraus hervorgehen.«

Unsere Liebkosungen beim Abschied waren von Zukunftsangst überschattet, Netti weinte.

3. Die Kleiderfabrik

In den wenigen Monaten gelang es mir mit Nettis Hilfe, mich auf meine eigentliche Aufgabe vorzubereiten – ein nützliches Mitglied der Marsgesellschaft zu sein. Ich lehnte bewusst alle Angebote ab, Vorträge über die Erde und ihre Menschen zu halten. Es wäre unvernünftig gewesen, meine Zeit damit zu vergeuden, denn die Vergangenheit haftete mir ohnehin an, während ich die Zukunft erobern musste. Ich beschloss, in einer Fabrik zu arbeiten, und wählte nach gründlichen Erwägungen zunächst eine Kleiderfabrik.

Natürlich hatte ich mir beinahe das Leichteste ausgesucht. Aber auch hierfür bedurfte es ernsthafter Vorbereitungen. Ich musste die wissenschaftlichen Prinzipien der Arbeitsorganisation studieren, mich speziell mit der Fabrik vertraut machen, in der ich arbeiten wollte, musste den Arbeitsablauf und in den Grundzügen auch alle dabei eingesetzten Maschinen kennen und in allen Einzelheiten natürlich die Maschine, an der ich arbeiten sollte. Dabei erwies es sich als notwendig, mir Kenntnisse in allgemeiner und angewandter Mechanik und Technologie und sogar in mathematischer Analyse anzueignen. Die Hauptschwierigkeiten ergaben sich nicht aus dem Stoff, sondern aus der Form. Die Lehrbücher und Anleitungen waren nicht für einen Menschen niederer Kulturstufe gedacht. Ich erinnerte mich, wie mich als Kind ein französisches Mathematik-Lehrbuch gequält hatte, das mir zufällig in die Hände geraten war. Mich zog es zur Mathematik, und ich besaß offenbar außergewöhnliche Fähigkeiten; die für die meisten Anfänger schwierigen »Grenzwerte« und »Ableitungen« kamen mir vor, als wäre ich immer mit ihnen vertraut gewesen. Aber ich besaß nicht die logische Disziplin und die Praxis wissenschaftlichen Denkens, das der französische Professor bei seinen Lesern und Schülern voraussetzte. Sein Lehrbuch war klar und genau bei den Formeln, aber sehr karg bei den Erklärungen. Ständig fehlten die logischen Brücken, die einem Menschen von höherer wissenschaftlicher Bildung selbstverständlich waren, nicht jedoch einem jungen Asiaten.

Oft brütete ich stundenlang über irgendwelchen magischen Umwandlungen, die auf die Worte folgten: »Aus diesen Gleichungen wird abgeleitet ...« So erging es mir auch jetzt, und zwar in noch stärkerem Maße, als ich die wissenschaftlichen Bücher studierte. Der Gedanke, dass alles leicht und verständlich wäre, wie ich zu Beginn der Krankheit gedacht hatte, erwies sich als Illusion. Aber Nettis geduldige Hilfe begleitete mich stets und ebnete mir den schwierigen Weg.

Bald nach Nettis Abflug begann ich in der Fabrik zu arbeiten. Es war ein gigantischer Komplex, der unserer Vorstellung von einer Kleiderfabrik durchaus nicht entsprach. Dort wurde gesponnen, gewebt, zugeschnitten, gefärbt, und als Material diente nicht Flachs, Baumwolle oder eine andere Pflanzenfaser, auch keine Wolle und Seide, sondern etwas völlig anderes.

In früheren Zeiten hatten die Marsmenschen auf ähnliche Weise wie auf der Erde Stoffe hergestellt: Sie kultivierten Faserpflanzen, scherten Tiere, züchteten besondere Spinnenarten, aus deren Gespinst ein seidenartiger Stoff gewonnen wurde. Da man jedoch immer mehr Land für die Getreideproduktion brauchte, mussten Kleider auf andere Weise als bisher hergestellt werden. Die Faserpflanzen wurden von faserartigen Mineralien in der Art von Asbest verdrängt. Danach erforschten Chemiker Spinngewebe, um Stoffe mit analogen Eigenschaften herzustellen. Das gelang ihnen, und innerhalb kurzer Zeit wurde der gesamte Industriezweig völlig umgestaltet. Jetzt werden die Gewebe alten Typs nur in Museen aufbewahrt.

Unsere Fabrik ist ein Musterbeispiel für die industrielle Revolution. Mehrmals im Monat wird aus den nahe gelegenen chemischen Werken in großen Behältern eine dickflüssige Masse geliefert. Mithilfe besonderer Apparate, die Luftzutritt verhindern, wird die Masse in ein riesiges, an der Decke hängendes Reservoir umgefüllt, dessen flacher Boden Hunderttausende mikroskopisch kleiner Öffnungen besitzt. Durch diese Öffnungen wird die klebrige Flüssigkeit unter großem Druck zu sehr feinen Strahlen gepresst, die an der Luft sofort trocknen und sich in feste Spinnfäden verwandeln. Zehntausende mechanische Spindeln ergreifen die Fasern, drehen sie zu Fäden unterschiedlicher Dicke und Festigkeit und übergeben das fertige »Garn« der Weberei. Hier werden die Fäden auf Webstühlen zu Stoffen verflochten, von zarten Geweben wie Mull und Batist bis zu festem Material wie Tuch oder Filz. Die Stoffbahnen werden dann in die Zuschneiderei gezogen, wo sie von Maschinen sorgfältig in viele Lagen gelegt werden. Danach werden vorgezeichnete und ausgemessene Teile von Anzügen ausgeschnitten.

In der Schneiderei werden die Teile zu Kleidern zusammengenäht, allerdings ohne Nadeln, Fäden und Nähmaschinen. Die Ränder der Teile werden mit einem chemischen Lösungsmittel aufgeweicht, sodass sie wieder den früheren halbfesten Zustand annehmen, das Lösungsmittel verfliegt innerhalb einer Minute, und die Stoffteile sind so fest verschweißt, wie sie sich nie zusammennähen ließen. Gleichzeitig werden die Verschlüsse angebracht, sodass fertige Kleidungsstücke entstehen – mehrere Tausend Muster, unterschiedlich in Form und Maß.

Für jedes Alter gibt es Hunderte von Mustern, aus denen jeder das Passende auswählen kann, zumal die Kleidung auf dem Mars sehr zwanglos ist. Wer wegen seiner Körpermaße nichts Passendes findet, lässt sich

Maß nehmen, und eine Zuschneidemaschine wird eingerichtet. Es wird speziell für eine bestimmte Person »genäht«, was ungefähr eine Stunde dauert.

Was die Farbe der Kleidung betrifft, begnügen sich die meisten Marsmenschen mit den üblichen dunklen oder gedeckten Tönen, in denen der Stoff hergestellt wird. Wird eine andere Farbe gebraucht, schickt man das Kleidungsstück in die Färberei, wo es in wenigen Minuten mithilfe elektrochemischer Verfahren die gewünschte Nuance erhält, ideal gleichmäßig und ideal dauerhaft.

Aus ebensolchen, nur festeren und dauerhafteren Geweben und mit ähnlichen Methoden wird Schuhwerk und warme Winterkleidung hergestellt. Unsere Fabrik befasst sich nicht damit, aber andere, noch größere Werke produzieren alles, was nötig ist, um einen Menschen von Kopf bis Fuß einzukleiden.

Ich arbeitete hintereinander in allen Abteilungen und war anfangs von meiner Tätigkeit sehr begeistert. Besonders interessant war es in der Zuschneiderei, wo ich neuartige Methoden der mathematischen Analyse anwenden musste.

Die Aufgabe bestand darin, mit geringstem Materialverlust aus einem Stoffstück alle Teile eines Anzugs herauszuschneiden. Das war eine prosaische, jedoch sehr ernste Aufgabe, weil selbst der kleinste Fehler, viele Millionen Male wiederholt, einen riesigen Verlust bewirkt. Die erfolgreiche Lösung gelang mir »nicht schlechter« als anderen.

»Nicht schlechter« als andere zu arbeiten – danach strebte ich mit allen Kräften, und das gelang mir auch. Aber ich musste auch einsehen, dass mich das weit mehr Anstrengung kostete als andere Arbeiter. Nach den üblichen vier bis sechs Arbeitsstunden (nach irdischer Rechnung) war ich erschöpft, und ich brauchte

Erholung, während sich meine marsianischen Kollegen in Museen, Bibliotheken, Laboratorien oder in andere Fabriken begaben. Hier beobachteten sie die Produktion und arbeiteten manchmal sogar weiter.

Ich hoffte, mich an die neue Arbeit zu gewöhnen und mich dann mit allen Arbeitern messen zu können. Aber das war nicht so. Immer mehr musste ich einsehen, dass es mir an der Kultur der Aufmerksamkeit mangelte.

Körperliche Leistung wurde nur wenig verlangt, an Schnelligkeit und Gewandtheit stand ich anderen nicht nach, übertraf sogar viele. Aber ich musste ununterbrochen und konzentriert auf Maschinen und Material achten, was mir sehr schwer fiel. Offenbar entwickelt sich diese Fähigkeit erst im Laufe mehrerer Generationen in dem Maße, wie es auf dem Mars als gewohnt und üblich gilt.

Wenn gegen Ende meines Tagewerks die Ermüdung schon spürbar wurde und die Aufmerksamkeit nachließ, machte ich Fehler und zögerte bei manchen Handgriffen. Diese Fehler wurden von meinen Nachbarn unverzüglich korrigiert.

Mich verblüffte ihre seltsame Fähigkeit, alles ringsum zu bemerken, ohne von ihrer Arbeit aufzublicken. Ihre Umsicht rührte mich weniger, als dass ich darüber ärgerlich und gereizt wurde. Ich hatte das Gefühl, alle würden mich ständig beobachten. Das steigerte noch meine Zerstreutheit und verdarb meine Arbeit.

Wenn ich jetzt, nach langer Zeit, leidenschaftslos alle Umstände bedenke, meine ich, dass ich das nicht richtig wahrgenommen habe. Mit der gleichen Umsicht und auf völlig gleiche Weise – vielleicht nur weniger häufig – halfen sich die Fabrikkollegen untereinander.

Ich wurde nicht extra überwacht und kontrolliert, wie ich damals glaubte. Ich selber – ein Mensch der individualistischen Welt – habe mich unbewusst von den anderen abgesondert, und ich habe die Güte und die kameradschaftlichen Dienste, die ich nicht vergelten konnte, wie ich als Mensch einer Warenwelt dachte, krankhaft unnatürlich aufgefasst.

4. Enno

Der lange Herbst verging, und in unserem Gebiet, den mittleren Breiten der nördlichen Halbkugel, herrschte Winter, schneearm, aber kalt. Die kleine Sonne wärmte nicht und schien weniger als sonst. Die Natur hatte ihre grellen Farben abgelegt, sie war blass und rau geworden. Die Kälte kroch ins Herz, Zweifel kamen in meiner Seele auf, und weil ich ein Fremder aus einer anderen Welt war, wurde die Einsamkeit immer qualvoller.

Ich begab mich zu Enno, die ich lange nicht gesehen hatte. Sie empfing mich wie einen nahen Verwandten, und mir war, als hätte ein heller Strahl der nahen Vergangenheit die Winterkälte und den Nebel der Sorge durchdrungen. Bald merkte ich, dass auch Enno blass war, sie sah erschöpft und gequält aus, in ihrem Verhalten und in ihren Worten lag heimlicher Kummer. Wir hatten einander viel zu erzählen, einige Stunden vergingen für mich so unmerklich und schön, wie ich es seit Nettis Abflug nicht erlebt hatte.

Als ich aufstand, um heimzufliegen, wurde uns beiden traurig zumute.

»Wenn Ihre Arbeit Sie nicht hier festhält, kommen Sie doch mit«, schlug ich ihr vor.

Enno willigte sofort ein, sie nahm ihre Arbeit – zu der Zeit beschäftigte sie sich nicht mit Beobachtungen im Observatorium, sondern mit dem Überprüfen gewonnener Daten – und wir flogen ins Chemie-Städtchen, wo ich allein in Mennis Haus lebte. Morgens reiste ich in meine Fabrik, die sich hundert Kilometer, das heißt eine halbe Flugstunde entfernt befand, und die langen Winterabende verbrachten Enno und ich gemeinsam mit Gesprächen, Spaziergängen und wissenschaftlichen Arbeiten.

Enno erzählte mir ihre Lebensgeschichte. Sie war mehrere Jahre Mennis Frau gewesen. Obwohl sie sich leidenschaftlich ein Kind wünschte, blieb ihr das Glück der Mutterschaft versagt. Da wandte sie sich an Netti um Rat. Netti untersuchte sehr gründlich alle Umstände und erklärte unwiderruflich, dass Enno keine Kinder bekommen würde. Menni hatte sich zu spät vom Kind zum Mann entwickelt, und er hatte zu früh das angespannte Leben eines Wissenschaftlers und Denkers begonnen. Die übermäßige Aktivität seines Hirns hatte die Lebenskraft seiner Keimzellen geschwächt und vernichtet, und das war nicht mehr zu ändern.

Nettis Urteil war für Enno ein Schicksalsschlag. Bei ihr vereinten sich die Liebe zu dem genialen Mann und ein tiefer Mutterinstinkt zu der nun aussichtslosen Sehnsucht nach einem Kind.

Die Untersuchungen hatten noch etwas anderes ergeben. Es erwies sich, dass für Mennis gewaltige geistige Arbeit, für die volle Entwicklung seiner genialen Fähigkeiten körperliche Enthaltsamkeit, möglichst wenig Liebeslust angeraten war. Enno konnte sich diesem Rat nicht verschließen und überzeugte sich bald, wie richtig und vernünftig er war. Menni lebte auf, arbeitete energischer als je zuvor, neue Pläne wurden mit ungewohnter Schnelligkeit geboren und besonders erfolgreich ausgeführt, und offenbar vermisste Menni nichts. Enno, der ihre Liebe teurer war als das Leben, aber das Genie des geliebten Mannes teurer als ihre Liebe, trennte sich von Menni.

Ihn betrübte das anfangs, aber bald fand er sich damit ab. Der wahre Grund der Trennung blieb ihm wohl verborgen. Enno und Netti schwiegen darüber, wussten jedoch nicht sicher, ob Menni mit seinem scharfen Verstand die Ursache nicht doch erahnte. Für Enno erwies sich das Leben als so leer, das unterdrückte Gefühl bereitete ihr solche Pein, dass sie nach kurzer

Zeit den Tod suchte. Wiederum wandte sie sich an Netti.

Um den Freitod zu verhindern, zögerte Netti unter verschiedenen Vorwänden ihre Unterstützung hinaus und benachrichtigte Menni. Er bereitete gerade die Expedition zur Erde vor und sandte Enno sogleich die Einladung, an diesem wichtigen und gefährlichen Unternehmen teilzunehmen. Enno nahm das ehrenvolle Angebot an. Die vielen neuen Eindrücke halfen ihr, den seelischen Schmerz zu überwinden, und während des Rückflugs zum Mars vermochte sie schon den Anschein des fröhlichen Jungen und Poeten zu erwecken, als den ich sie auf dem Sternschiff kannte.

Zur Venus war Enno nicht mitgeflogen, weil sie befürchtete, sich erneut zu sehr an Menni zu gewöhnen. Aber die Sorge um sein Schicksal verließ sie nicht. Sie kannte die Gefahren des Unternehmens nur zu gut. An den langen Winterabenden kreisten unsere Gedanken und Gespräche ständig um einen Punkt des Weltalls: Unter den Strahlen einer riesigen Sonne, beim Atem eines sengenden Windes verrichteten die Menschen, die uns am nächsten standen, ihr titanisches Werk. Die gemeinsamen Gedanken und Stimmungen brachten uns einander näher. Enno wurde für mich mehr als eine Schwester.

Gleichsam wie von selbst, ohne Leidenschaft und ohne Kämpfe, führte diese Nähe zu Liebesbeziehungen. Die beständig-sanfte und gute Enno entzog sich nicht meinem Begehren, hatte diese Nähe jedoch nicht selber gesucht. Sie beschloss nur, von mir keine Kinder zu haben. Ein Schatten sanfter Trauer lag auf ihren Liebkosungen – den Liebkosungen zärtlicher Freundschaft, die alles erlaubt.

Der Winter breitete immer noch seine blassen Flügel über uns aus – der lange Marswinter ohne Tauwetter, Stürme und Schneeschauer, ruhig und starr wie der Tod. Wir verspürten beide kein Verlangen, in den Süden zu fliegen, wo zu dieser Zeit die Sonne wärmte und die Natur ihre bunten Kleider vorzeigte. Enno wollte nicht diese Natur, die zu wenig zu ihrer Stimmung passte, und ich mied neue Menschen und neue Umstände, denn es hätte zusätzliche Mühen und Anstrengungen gekostet, mit ihnen vertraut zu werden und sich an sie zu gewöhnen. Ohnehin näherte ich mich zu langsam meinem Ziel. Geisterhaftmerkwürdig war unsere Freundschaft – Liebe im Reich des Winters, der Sorge, der Erwartung ...

5. Bei Nella

Enno war schon in früher Jugend Nettis engste Freundin gewesen, sie erzählte mir viel von ihr. Einmal vernahm ich eine seltsame Verbindung der Namen Netti und Sterni, die mich stutzig machte. Als ich Enno danach fragte, wurde sie verlegen.

»Netti ist Sternis Frau gewesen. Wenn sie Ihnen das nicht gesagt hat, hätte ich schweigen sollen. Ich habe offenbar einen Fehler gemacht, fragen Sie mich nicht weiter danach.«

Von diesen Worten wurde ich merkwürdig erregt. Mir war jedoch, als hätte ich nichts Neues erfahren. Ich hatte niemals angenommen, Nettis erster Mann zu sein. Es wäre ein unsinniger Gedanke gewesen, dass eine Frau voller Leben und Gesundheit, schön an Körper und Seele, das Kind einer freien, hoch entwickelten Gesellschaft, bis zu unserer Begegnung auf Liebe hätte verzichten sollen. Woher rührte also meine Fassungslosigkeit? Ich wusste es nicht, sondern spürte nur eines, dass ich alles erfahren müsste, alles ohne irgendeinen Rest. Enno danach zu fragen war offenbar unmöglich. Da kam mir Nella in den Sinn.

Netti hatte beim Abschied gesagt: »Vergiss Nella nicht, sie liebt dich meinetwegen. Nella ist klug und erfahren, sie wird dir in schweren Stunden beistehen!« Mehrmals wollte ich sie schon besuchen, aber teils hielt mich die Arbeit davon ab, teils die Scheu vor den vielen neugierigen Kinderaugen. Nun war alle Unschlüssigkeit verflogen, noch am selben Tag war ich in der Kinderstadt.

Nella bat eine andere Erzieherin, sie zu vertreten, und führte mich in ihr Zimmer, wo uns die Kinder nicht stören konnten.

Ich hatte beschlossen, ihr nicht sogleich den Zweck meines Besuches zu offenbaren, da mir dieser Zweck weder besonders vernünftig noch besonders edel erschien. Es war natürlich, dass wir von dem Menschen sprechen würden, der uns beiden der Nächste war, und dann brauchte ich nur einen passenden Moment für meine Frage abzuwarten. Nella erzählte mir mit mütterlicher Begeisterung viel von Nettis Kindheit und Jugend.

Die ersten Lebensjahre hatte Netti bei ihrer Mutter verbracht, wie das bei den meisten Marsmenschen üblich ist. Als man Netti in die Kinderstadt bringen musste, um ihr nicht den erzieherischen Einfluss anderer Kinder vorzuenthalten, konnte sich Nella nicht von ihrer Tochter trennen. Sie wohnte anfangs im selben Haus, dann blieb sie für immer als Erzieherin in der Kinderstadt. Bei ihrem Beruf als Psychologin bot sich das ohnehin an.

Netti war ein lebhaftes Kind, das energisch nach Kenntnissen und einer Tätigkeit verlangte. Die geheimnisvolle Welt außerhalb des Planeten zog sie besonders an. Die Erde, die damals noch unerreichbar war, und die unbekannten Menschen dort waren Nettis liebstes Thema, darüber sprach sie oft mit anderen Kindern und mit den Erziehern.

Als Mennis Bericht von der ersten gelungenen Erd-Expedition veröffentlicht wurde, war das Mädchen vor Freude und Begeisterung außer sich. Sie lernte Mennis Bericht auswendig und quälte Nella und die Erzieher damit, ihr jeden unbekannten Begriff zu erklären. Netti schwärmte für Menni, ohne ihn zu kennen, und schrieb ihm einen verzückten Brief. Darin flehte sie ihn unter anderem an, von der Erde ein Waisenkind mitzubringen, das sie dann erziehen wollte. Die Wände in ihrem Zimmer behängte sie mit Ansichten von der Erde und mit Porträts von Erdenmenschen, und sobald Wörterbücher irdischer Sprachen gedruckt waren, lernte sie die fremden Idiome. Netti entrüstete sich darüber, dass Menni und seine Begleiter beim ersten Erdenmenschen, dem sie begegnet waren, Gewalt angewandt hatten: Sie hatten ihn gefangen genommen, damit er ihnen helfe, sie mit den irdischen Sprachen bekannt zu machen. Zugleich bedauerte sie zutiefst, dass sie ihn wieder freigelassen und nicht auf den Mars mitgebracht hatten. Netti beschloss, einmal auf die Erde zu fliegen, und als Antwort auf die scherzhafte Bemerkung ihrer Mutter, sie werde einmal einen Erdenmann heiraten, erklärte sie nach kurzem Nachdenken: »Das ist durchaus möglich.«

All das hatte mir Netti nie erzählt, in ihren Gesprächen hatte sie stets vermieden, die Vergangenheit zu erwähnen. Wie hell die mütterliche Liebe in Nellas Schilderungen strahlte! Minutenlang vergaß ich alles und sah das Mädchen mit den leuchtenden großen Augen und dem rätselhaften Hang zu der fernen irdischen Welt lebhaft vor mir. Aber das verging bald, die Gegenwart war stärker, ich erinnerte mich an den Zweck meines Besuchs, und mir wurde wieder kalt ums Herz.

Endlich, als das Gespräch auf spätere Lebensjahre kam, entschloss ich mich zu fragen, wie sich Netti und Sterni kennengelernt hätten. Dabei gab ich mich möglichst ruhig und ungezwungen.

»Ach, das ist es!« sagte Nella. »Deshalb sind Sie zu mir gekommen. Warum haben Sie mich nicht gleich danach gefragt?«

In ihrer Stimme klang ungewohnte Strenge. Ich schwieg.

»Natürlich kann ich Ihnen das erzählen«, fuhr Nella fort. »Es ist eine ganz einfache Geschichte. Sterni war Nettis Lehrer, er hielt Vorlesungen über Mathematik und Astronomie. Nachdem er von seiner ersten Reise zur Erde zurückgekommen war – es war wohl Mennis zweite Expedition – sprach er mehrmals über unseren Nachbar-Planeten und seine Bewohner. Dabei war Netti eine eifrige Zuhörerin. Die Geduld, mit der Sterni auf ihre endlosen Fragen einging, beeindruckte sie. Die nähere Bekanntschaft führte zur Ehe. Zwei sehr unterschiedliche, in vielem gegensätzliche Naturen zogen einander an. Später, in ihrem gemeinsamen Leben, erwiesen sich die Gegensätze als stärker, das Verhältnis kühlte sich ab, schließlich haben sie sich getrennt. Das ist alles.«

»Wann haben sie sich getrennt?«

»Endgültig nach Lettas Tod. Es begann damit, dass Netti Letta kennenlernte. Netti litt unter Sternis analytisch-kühlem Verstand, er zerstörte zu systematisch und hartnäckig alle ihre Luftschlösser und Träume. Unbewusst suchte sie einen Menschen, der das anders sehen würde. Der alte Letta besaß ein sehr verständnisvolles Herz und viel naiven Enthusiasmus. Netti fand in ihm den Freund, den sie brauchte. Er hörte sich ihre Schwärmereien nicht nur geduldig an, sondern sie begeisterten sich gemeinsam an vielen Dingen. Bei Letta erholte sich Nettis Seele von der rauen, alles abtötenden Kritik Sternis. Letta träumte ebenfalls von einem künftigen Bund zwischen Erde und Mars, einem Bund zweier Welten, aus dem ein Leben voller Poesie hervorgehen würde. Und als Netti erfuhr, dass ein Mann mit einer solchen Seele niemals die Liebe und Zärtlichkeit einer Frau kennengelernt hatte, wurde aus der Freundschaft eine Ehe.«

»Einen Augenblick«, unterbrach ich Nella. »Habe ich Sie richtig verstanden? Netti war Lettas Frau?« »Ja, richtig.«

»Sie haben doch eben gesagt, Netti hätte sich erst nach Lettas Tod endgültig von Sterni getrennt.« »Das stimmt. Was ist daran unverständlich?« »Gar nichts. Das habe ich nur nicht gewusst.« Da wurden wir unterbrochen. Ein Kind hatte einen Nervenanfall, und Nella wurde zu ihm gerufen. Einige Minuten blieb ich allein. Mir schwindelte leicht, ich fühlte mich so seltsam, dass sich mein Zustand nicht beschreiben lässt. Was war geschehen? Nichts Besonderes. Netti war ein freier Mensch und verhielt sich wie ein freier Mensch. Letta war ihr Mann gewesen? Ich hatte ihn stets geachtet, und ich empfand für ihn größte Sympathie, selbst wenn er nicht sein Leben für mich geopfert hätte. Netti war gleichzeitig die Frau zweier Männer gewesen? Ich hatte doch immer gemeint, die Monogamie entspringe nur den ökonomischen Bedingungen, die den Menschen überall einengen und fesseln. Auf dem Mars gab es diese Bedingungen nicht, folglich konnten sich persönliche Gefühle und persönliche Bindungen frei entfalten. Woher kam dann mein Befremden, woher rührte der Schmerz, von dem ich am liebsten aufgeschrien oder aufgelacht hätte? Oder vermochte ich nicht so zu fühlen, wie ich dachte? Das war es wohl. Und meine Beziehung zu Enno? Wo blieb da die Logik? Was für ein absurder Zustand!

Warum hatte mir Netti das nicht gesagt? Wie viel Heimlichkeiten gab es noch? Welche Täuschungen hatte ich noch zu gewärtigen? Falsch! Man hatte mir wohl etwas verheimlicht, aber man hatte mich nicht getäuscht. War in dem Fall eine Heimlichkeit keine Täuschung?

Diese Gedanken wirbelten in meinem Kopf umher, als Nella wieder das Zimmer betrat. Sie las offenbar in meinem Gesicht, wie schwer mir zumute war. Als sie sich an mich wandte, klang ihre Stimme nicht mehr streng.

»Natürlich ist es nicht leicht, sich an völlig fremdartige Lebensbedingungen und Gebräuche zu gewöhnen.

Lenni, Sie haben schon viele Hindernisse überwunden – finden Sie sich auch damit ab. Netti glaubt an Sie, und sie hat wohl Recht. Ist etwa Ihr Vertrauen zu ihr erschüttert worden?«

»Warum hat sie mir das verheimlicht? Wo bleibt ihr Vertrauen zu mir? Ich kann sie nicht begreifen.«

»Warum sie das getan hat, weiß ich nicht. Aber sie muss dafür ernste und gute und gewiss keine kleinlichen Gründe gehabt haben. Vielleicht erklärt Ihnen dieser Brief alles. Ich sollte ihn aufbewahren und Ihnen geben, falls es zu einem solchen Gespräch käme.«

Der Brief war in meiner Muttersprache geschrieben, die Netti vortrefflich beherrschte.

Mein Lenni!

Ich habe mit Dir niemals über meine früheren persönlichen Bindungen gesprochen, aber nicht deshalb, um etwas vor Dir zu verbergen. Ich verlasse mich auf meinen klaren Kopf und vertraue Deinem edlen Herzen, am Ende wirst Du alles richtig verstehen und gerecht bewerten, so fremd und ungewohnt Dir auch manche unserer Sitten sein mögen.

Ich befürchtete eines ... Nach Deiner Krankheit hattest Du schnell Kräfte gesammelt, um Deine Arbeit fortzusetzen, aber das seelische Gleichgewicht, von dem in jeder Minute und bei jedem Erlebnis die Selbstbeherrschung in Wort und Tat abhängt, hattest Du noch nicht völlig wiedererlangt. Wenn Du Dich mir gegenüber, als Frau, aus einer Gefühlsaufwallung heraus, unter dem Einfluss elementarer Kräfte der Vergangenheit, die immer in der Tiefe der menschlichen Seele stecken, auch nur für eine Sekunde so verhalten hättest, wie das bei Euch in der alten Welt üblich ist, wo das unschöne Verhältnis zwischen Mann und Frau aus Gewalt und Sklaverei entstanden ist – hättest Du Dir das nie verziehen. Ja, mein Lieber, ich weiß, Du bist streng, oft sogar grausam zu Dir selbst – Du hast diesen Zug aus Eurer rohen Schule des ewigen Kampfes mitgebracht.

Ein unbedachtes Wort von Dir wäre für immer ein dunkler Fleck auf unserer Liebe geblieben.

Mein Lenni, ich will und kann Dich beruhigen. Das hässliche Gefühl, das mit der Liebe zu einem Menschen die Besorgnis um ihn als sein Eigentum verknüpft, möge schlafen und niemals in Deiner Seele erwachen. Ich werde keine anderen Beziehungen haben. Das kann ich Dir leicht und fest versprechen, weil angesichts meiner Liebe zu Dir, bei dem leidenschaftlichen Verlangen, Dir bei Deiner großen Lebensaufgabe beizustehen, alles andere für mich belanglos wird. Ich liebe Dich nicht nur als Frau, ich liebe Dich wie eine Mutter, die ihr Kind in ein neues und fremdes Leben führt. Dieses Leben ist voller Mühen und Gefahren. Meine Liebe ist stärker und tiefer als jede Liebe, die ein Mensch für einen anderen empfinden kann. Und deshalb liegt in meinem Versprechen kein Opfer.

Auf Wiedersehen, mein teures, geliebtes Kind.

Deine Netti

Als ich den Brief gelesen hatte, sah mich Nella fragend an.

»Sie hatten recht«, sagte ich und küsste ihre Hand.

6. Auf der Suche

In meiner Seele blieb ein Gefühl tiefer Erniedrigung zurück. Noch schmerzlicher als vorher empfand ich die Überlegenheit der Marsmenschen bei der Arbeit und auf allen anderen Gebieten. Zweifellos übertrieb ich diese Überlegenheit und betonte meine Schwäche zu sehr. In Wohlwollen und Fürsorglichkeit argwöhnte ich verächtliche Herablassung, in Zurückhaltung erblickte ich verborgenen Widerwillen gegenüber einem niederen Wesen. Immer weniger war ich imstande, die Dinge richtig wahrzunehmen und zu beurteilen.

Mein Geist blieb jedoch ungetrübt, ich arbeitete jetzt besonders viel, um die Leere auszufüllen, die ich ohne Netti fühlte. Mehr als früher war ich davon überzeugt, dass es für Nettis Teilnahme an der Expedition noch unbekannte Gründe gab, stärkere und wichtigere Motive als diejenigen, die sie mir angeführt hatte. Der neue Beweis ihrer Liebe und die gewaltige Bedeutung, die Netti meiner Mission bei der Annäherung zweier Welten beimaß, bestätigten mir, dass sie sich nicht ohne außergewöhnliche Beweggründe entschlossen hatte, mich für lange Zeit inmitten der Untiefen und Riffe des Ozeans eines mir fremden Lebens zurückzulassen. Mit ihrem hellen Verstand wusste sie besser als ich, welche Gefahren mir hier drohten. Es gab etwas, was man mir verheimlicht hatte, und es musste mich direkt betreffen. Ich musste es um jeden Preis erfahren.

Ich beschloss, durch systematische Überlegungen zur Wahrheit vorzudringen. Einige zufällige und ungewollte Andeutungen und der besorgte Ausdruck, den ich vor langer Zeit auf ihrem Gesicht erhascht hatte, als sie von den Expeditionen zu anderen Planeten sprach, brachten mich zu dem Schluss, dass sich Netti nicht später als in den ersten Tagen unserer Ehe zu der Reise entschlossen hatte. Die Ursachen waren also in den Ereignissen jener Zeit zu suchen.

Sie konnten mit privaten Angelegenheiten Nettis oder mit der Expedition zusammenhängen. Das Erstere erschien mir nach Nettis Brief weniger wahrscheinlich. Folglich musste ich meine Ermittlungen darauf richten, die Vorgeschichte der Expedition zu erkunden.

Selbstverständlich war die Expedition von der »Kolonialgruppe« beschlossen worden. So hieß ein Gremium, das aktiv an der Organisation interplanetarer Reisen mitwirkte. Außer Wissenschaftlern bestand es aus Vertretern der Statistikzentrale und aller Werke, die Sternschiffe und Ausrüstungen für solche Reisen lieferten. Die letzte Tagung der »Kolonialgruppe« hatte während meiner Krankheit stattgefunden. Menni und Netti hatten an den Sitzungen teilgenommen. Da ich damals schon genas und mich allein langweilte, wollte ich ebenfalls zu der Tagung fliegen, aber Netti sagte mir, das wäre für meinen Gesundheitszustand gefährlich. Hing etwa diese »Gefahr« mit etwas zusammen, das ich nicht wissen durfte? Also musste ich die Protokolle der Tagung daraufhin genau prüfen.

Aber hier stieß ich auf Schwierigkeiten. In der Bibliothek gab man mir lediglich die Tagungsbeschlüsse. Bis ins Einzelne war die gesamte Organisation des grandiosen Unternehmens dargelegt, aber ich fand nichts, was für mich interessant gewesen wäre. Das befriedigte mich keinesfalls. Bei aller Ausführlichkeit waren die Beschlüsse ohne jegliche Begründung abgedruckt, ohne Hinweise auf die vorherigen Beratungen. Als ich dem Bibliothekar sagte, dass ich die Tagungsprotokolle benötige, erklärte er mir, es wären keine gedruckt worden, ja es gäbe gar keine ausführlichen Aufzeichnungen, das sei bei technischen Beratungen nicht üblich.

Auf den ersten Blick erschien das wahrscheinlich. Die Marsbewohner veröffentlichen tatsächlich meist nur die Beschlüsse ihrer Beratungen, weil sie meinen, jede vernünftige und nützliche Meinungsäußerung würde sich entweder in dem angenommenen Beschluss widerspiegeln oder sie würde vom Autor weitaus besser und ausführlicher als in einer kurzen Rede in einem Artikel, einer Broschüre oder einem Buch publiziert. Man druckt nicht gern dickleibige Bücher, und etwas Ähnliches wie unsere vielbändigen »Sitzungsberichte« wird man vergeblich suchen, stets wird nur der Extrakt publiziert. Aber in dem Fall glaubte ich dem Bibliothekar nicht. Auf der Tagung waren zu bedeutsame Dinge erörtert worden, als dass man das wie gewöhnliche Debatten über irgendein technisches Problem behandelt hätte; es mussten also Protokolle vorhanden sein.

Ich bemühte mich jedoch, mein Misstrauen zu verbergen, und um jeglichen Verdacht von mir abzulenken, vertiefte ich mich geflissentlich in die Lektüre der Beschlüsse, während ich in Wahrheit mein weiteres Vorgehen überlegte.

In der Buchabteilung konnte ich offenbar nicht finden, was ich brauchte. Entweder gab es tatsächlich keine schriftlichen Protokolle, oder der Bibliothekar sollte sie vor mir verstecken. Es blieb die phonographische Abteilung.

Dort mussten sich die Protokolle selbst dann befinden, wenn sie nicht gedruckt worden waren. Der Phonograph ersetzt auf dem Mars oft den Stenografen, und in den Archiven werden viele ungedruckte Phonogramme von Beratungen unterschiedlichster Art aufbewahrt.

Ich wählte einen Moment, als der Bibliothekar beschäftigt war, und ging unbemerkt in die phonographische Abteilung. Dort erbat ich bei der Aufsichtsperson den großen Katalog.

Die Nummer der Tagung war schnell gefunden, und unter dem Anschein, das Personal nicht belästigen zu wollen, suchte ich selbst die Phonogramme heraus. Das gelang mir ebenfalls leicht.

Die Beratung hatte fünfzehn Tage gedauert, und von jeder Sitzung war ein Phonogramm vorhanden, dem eine Inhaltsangabe beilag.

Die ersten fünf Sitzungen befassten sich mit den Expeditionen, die nach der letzten Tagung stattgefunden hatten, und der neuen, verbesserten Technik der Sternschiffe.

Die Inhaltsangabe des sechsten Phonogramms lautete:

»Vorschlag der Statistikzentrale, mit der Massenkolonisation zu beginnen. Wahl des Planeten – Erde oder Venus. Reden und Vorschläge von Sterni, Netti, Menni. Vorläufige Entscheidung für die Venus.«

Ich spürte, dass ich das Richtige gefunden hatte. Schnell legte ich das Phonogramm in den Wiedergabeapparat. Was ich vernahm, prägte sich mir für immer in die Seele.

Die sechste Sitzung wurde von Menni eröffnet, der die Tagung leitete. Als erster sprach der Chef der Statistikzentrale. Er bewies mit einer Reihe von Daten, dass beim gegenwärtigen Bevölkerungswachstum und den dementsprechend steigenden Bedürfnissen nach dreißig Jahren ein Mangel an Nahrungsmitteln eintreten würde, wenn sich die Marsbewohner auf die Nutzung ihres Planeten beschränkten. Ein Ausweg wäre die technisch einfache Synthese von Eiweiß aus anorganischen Stoffen, aber niemand könne garantieren, dass sich das innerhalb von dreißig Jahren erreichen lasse. Deshalb sei es geboten, von einfachen wissenschaftlichen Exkursionen auf andere Planeten zu einer echten Massenumsiedlung überzugehen. Vorläufig böten sich nur zwei Planeten mit riesigen Naturreichtümern an. Man müsse unverzüglich entscheiden, welchen von beiden man für den Anfang auswähle, und dann einen Plan ausarbeiten.

Niemand brachte Einwände gegen diesen Vorschlag oder seine Begründung vor. Danach ließ Menni das Problem beraten, welchen Planeten man zuerst für die Massenkolonisation auswählen sollte.

Sterni sprach als erster.

7. Sterni

»Die erste Frage, die der Vertreter der Statistikzentrale gestellt hat«, begann Sterni in seinem mathematisch-sachlichen Tonfall, »die Frage nach der Wahl des Planeten für die Kolonisation, bedarf keiner Entscheidung, weil sie längst entschieden ist, entschieden von der Wirklichkeit. Es gibt keine Wahl. Von den beiden erreichbaren Planeten eignet sich nur einer für die Massenkolonisation. Das ist die Erde. Über die Venus gibt es viel Literatur, die Ihnen natürlich bekannt ist. Aus allen dort angeführten Daten ist zu schließen: Vorläufig können wir die Venus nicht besiedeln. Die sengende Hitze würde unsere Kolonisten peinigen und entkräften, die schrecklichen Stürme und Gewitter würden unsere Bauten zerstören, unsere Sternschiffe fortreißen und sie an den Gebirgen zerschellen lassen. Die Raubtiere könnten wir bezwingen, allerdings um den Preis nicht geringer Opfer, doch die sehr formenreiche Bakterienwelt ist uns kaum bekannt – und wie viele neue Krankheiten birgt sie in sich? Die Oberfläche der Venus gärt noch, wie viele Erdbeben, Vulkanausbrüche, Überschwemmungen hätten wir zu gewärtigen? Vernünftige Wesen sollen nichts Unmögliches unternehmen. Der Versuch, die Venus zu kolonisieren, würde zahllose, aber nutzlose Opfer kosten, keine Opfer für die Wissenschaft und das allgemeine Glück, sondern Opfer der Unvernunft und der Träumerei. Diese Frage scheint mir klar zu sein, und der Bericht der letzten Venusexpedition zerstreut alle Zweifel.

Wenn man also Massen umsiedeln will, dann nur auf die Erde. Dort sind die Voraussetzungen sehr günstig und die Naturreichtümer unermesslich – sie übersteigen diejenigen unseres Planeten um das Achtfache. Die Kolonisation ist schon von menschlichen Wesen vorbereitet worden, wenn diese auch auf einer niederen Kulturstufe stehen. Das alles ist auch der Statistikzentrale bekannt. Wenn sie uns trotzdem die Frage nach der Wahl des Planeten vorlegt und wir eine Erörterung für notwendig erachten, dann ausschließlich aus dem Grund, dass es dort ein sehr ernsthaftes Hindernis gibt. Das ist die irdische Menschheit.

Die dortigen Menschen beherrschen die Erde, sie werden keineswegs freiwillig weichen und uns einen bedeutenden Teil des Planeten abtreten. Das geht aus dem Charakter ihrer Kultur hervor. Sie beruht auf dem Eigentum, das durch organisierte Gewalt geschützt wird. Obwohl selbst die zivilisiertesten Stämme tatsächlich nur einen winzigen Teil der ihnen zugänglichen Naturkräfte ausbeuten, wird ihr Streben nach der Eroberung neuer Territorien niemals geringer. Der systematische Raub von Land und Besitz weniger zivilisierter Stämme heißt bei ihnen Kolonialpolitik und wird als eine Hauptaufgabe der staatlichen Organisation betrachtet. Man kann sich vorstellen, wie man den natürlichen und vernünftigen Vorschlag aufnehmen würde, uns einen Teil des Festlands abzutreten, wofür wir die dortigen Menschen lehren würden, den übrigen Teil unvergleichlich besser zu nutzen. Für sie ist Kolonisation nur eine Frage roher Gewalt. Ob wir wollen oder nicht – sie zwingen uns, uns ihnen gegenüber ebenfalls so zu verhalten.

Es geht nicht einfach darum, ihnen unsere Übermacht einmal zu beweisen – das wäre relativ einfach und erforderte nicht mehr Opfer als jeder beliebige von ihren unsinnigen Kriegen. Große, auf Mord dressierte Menschenherden, die Armeen heißen, wären das geeignetste Objekt für eine solche unvermeidliche Gewaltanwendung. Jedes Sternschiff könnte mit den tödlichen Strahlen, die beim beschleunigten Radiumzerfall entstehen, in wenigen Minuten ein bis zwei solcher Herden vernichten, und das würde der irdischen kulturellen Entwicklung eher nützen als schaden. Aber leider ist die Sache nicht so einfach, und die Schwierigkeiten würden erst mit dem Moment beginnen.

Im ewigen Kampf unter den Stämmen ist auf der Erde eine psychologische Besonderheit entstanden, die Patriotismus heißt. Dieses unbestimmte, aber starke und tiefe Gefühl enthält boshaftes Misstrauen gegenüber allen anderen Völkern und Rassen, die elementare Gewöhnung an das eigene Milieu, besonders das Territorium, mit dem die irdischen Stämme verwachsen sind wie eine Schildkröte mit ihrem Panzer, und einen kollektiven Dünkel und oft wohl auch ein Verlangen nach Gewalt, Vernichtung und Eroberungen. Der patriotische Seelenzustand wird nach militärischen Niederlagen außerordentlich verstärkt und verschärft, besonders wenn die Sieger den Besiegten einen Teil des Territoriums wegnehmen. Dann wird der Patriotismus der Besiegten zu verbissenem Hass, und die Rache wird zum Lebensideal eines ganzen Stammes, nicht nur seiner übelsten Elemente, der ›oberen‹ oder herrschenden Klassen, sondern auch der besten Vertreter, der arbeitenden Massen.

Wenn wir also einen Teil der Erdoberfläche gewaltsam erobern, würde sich die gesamte dortige Menschheit in einem Gefühl von irdischem Patriotismus vereinen, unsere Kolonisten würden dem schonungslosen Hass und der abgrundtiefen Bosheit der Erdenmenschen begegnen; die Vernichtung unserer Siedler, auf welche Weise auch immer, selbst durch Verrat, würde eine geheiligte, edle Heldentat sein, die unsterblichen Ruhm verspräche. Das Leben unserer Kolonisten würde völlig unerträglich werden. Wir alle wissen, dass es sogar für niedere Kulturen leicht ist, Leben zu zerstören. Im offenen Kampf wären wir unvergleichlich stärker als die Erdenmenschen, aber bei unvermuteten Überfällen könnten sie uns ebenso erfolgreich töten, wie sie das untereinander tun. Übrigens ist die Kunst des Mordens bei ihnen unvergleichlich höher entwickelt als alle anderen Seiten ihrer Zivilisation.

Zusammen mit den Erdenmenschen und mitten unter ihnen zu leben wäre also unmöglich; wir müssten vor Verschwörungen auf der Hut sein und wären ihrem Terror ausgesetzt, unsere Siedler lebten in ständiger Gefahr und würden unzählige Opfer bringen. Also müssten wir die Erdenmenschen aus allen von uns benötigten Gebieten aussiedeln – Dutzende, vielleicht Hunderte Millionen Menschen. Bei ihrer Gesellschaftsordnung, die keine kameradschaftliche gegenseitige Hilfe kennt, bei ihren sozialen Verhältnissen, wo jeder Dienst mit Geld bezahlt werden muss, und bei ihrer plumpen und unbeweglichen Produktionsweise, die keine schnelle Produktionserweiterung und Umverteilung der Erzeugnisse zulässt, wäre die überwiegende Mehrheit der Ausgesiedelten einem qualvollen Hungertod preisgegeben. Die überlebende Minderheit würde innerhalb der übrigen irdischen Menschheit zu fanatischen Agitatoren gegen uns.

Dann müssten wir den Kampf trotzdem fortsetzen. Unser gesamtes irdisches Gebiet müsste in ein ständig geschütztes Militärlager verwandelt werden. Die Furcht vor weiteren Eroberungen unsererseits und der Hass auf uns würden alle Anstrengungen der irdischen Stämme darauf richten, Kriege gegen uns vorzubereiten. Schon jetzt sind ihre Waffen vollkommener als ihre Arbeitsinstrumente, dann wird die Entwicklung der Kriegstechnik noch schneller voranschreiten. Zugleich werden sie Gelegenheit zu unverhofften kriegerischen Überfällen suchen, und wenn ihnen das gelingt, werden wir unersetzliche Verluste erleiden, selbst, wenn wir siegen. Außerdem ist es durchaus nicht ausgeschlossen, dass sie auf irgendeine Weise erfahren, wie unsere Hauptwaffe funktioniert. Radioaktives Material ist ihnen schon bekannt, und die Methode des beschleunigten Zerfalls kann entweder durch Spionage erkundet oder sogar von ihren Wissenschaftlern selbstständig entdeckt werden. Wer bei dieser Waffe seinem Gegner um wenige Minuten zuvorkommt, vernichtet ihn unweigerlich, und höheres Leben ist in dem Fall ebenso leicht zu vertilgen wie niedere Lebensformen. Wie würden unsere Siedler bei diesen Gefahren und in dieser ständigen Angst leben? Ihnen wären nicht nur alle Lebensfreuden vergällt, sondern der Mensch selbst würde degenerieren und pervertieren. Allmählich würden unsere Menschen von Argwohn, Überängstlichkeit, egoistischem Selbsterhaltungstrieb und der damit unzertrennlich verbundenen Grausamkeit innerlich zerstört. Unsere Kolonie würde zu einer militärischen Republik inmitten besiegter, feindlich gesonnener Stämme. Wiederholte Überfälle, die Opfer kosten, würden nicht nur Rache und Wut erzeugen, sondern sie würden unsere Siedler auch objektiv dazu zwingen, von der Selbstverteidigung zu rücksichtslosem Angriff überzugehen. Und schließlich ständen wir nach langem Zögern und qualvollem Kräfteverlust unvermeidlich vor der Entscheidung, die wir als bewusste Wesen, die den Gang der Ereignisse voraussehen, von Anfang an treffen müssen: Die Kolonisation der Erde erfordert die völlige Ausmerzung der Erdbevölkerung.«

(Unter den Hunderten von Zuhörern erklang ein Raunen des Entsetzens, von dem sich der laute Protestruf Nettis abhob. Als es im Saal wieder still war, fuhr Sterni ungerührt fort.)

»Wir müssen die zwingende Notwendigkeit begreifen und ihr fest ins Auge sehen, so hart das auch ist. Uns bleibt nur die Wahl: Entweder Stillstand bei der Entwicklung unseres Lebens oder Vernichtung der uns fremden Wesen auf der Erde. Einen dritten Weg gibt es nicht. (Zwischenruf Nettis: »Falsch!«) Ich weiß, was

Netti im Sinn hat, wenn sie gegen meine Worte protestiert, und erwäge jetzt die dritte Möglichkeit, die sie vorschlägt.

Netti denkt an die sozialistische Umerziehung der Erdbevölkerung. Diesen Plan haben wir alle noch unlängst gehegt, jetzt aber müssen wir ihn aufgeben. Wir wissen inzwischen genug über die Erdenmenschen, um das Illusionäre dieser Idee zu erkennen.

Die fortgeschrittensten Völker befinden sich ungefähr auf der gleichen Kulturstufe wie unsere Vorfahren beim Bau der großen Kanäle. Auf der Erde herrscht ebenfalls das Kapital, und es gibt ein Proletariat, das für den Sozialismus kämpft. Danach zu urteilen, könnte man denken, eine Revolution, die das System der organisierten Gewalt beseitigt und die Möglichkeit zu einer freien und schnellen Entwicklung menschlichen Lebens schafft, sei nicht mehr fern. Der irdische Kapitalismus besitzt jedoch wichtige Besonderheiten, die eine solche Revolution erschweren.

Einerseits ist die irdische Welt politisch und national schrecklich zersplittert, sodass der Kampf für den Sozialismus kein einheitlicher und geschlossener Prozess in einer Gesamtgesellschaft ist, sondern es gibt eine ganze Reihe eigenständiger Prozesse in einzelnen Gesellschaften, die durch staatliche Organisation, Sprache und manchmal auch durch Rasse voneinander getrennt sind. Andererseits sind die Formen des sozialen Kampfes auf der Erde weitaus gröber und mechanischer als seinerzeit bei uns, und eine unvergleichlich große Rolle spielt unmittelbare materielle Gewalt, verkörpert durch Armeen und bewaffnete Aufstände.

Somit ist die soziale Revolution sehr unbestimmt: Nicht eine, sondern viele Revolutionen sind voraussehbar, in den verschiedenen Ländern zu unterschiedlicher Zeit, in vielem werden sie einander wahrscheinlich nicht gleichen, und die Hauptsache – ihr Ausgang – ist zweifelhaft. Die herrschenden Klassen, die sich auf die Armee und die hoch entwickelte Kriegstechnik stützen, könnten in manchen Fällen dem aufständischen Proletariat eine solche vernichtende Niederlage zufügen, dass der Kampf für den Sozialismus in mehreren großen Staaten um Jahrzehnte zurückgeworfen wird. Ähnliche Fälle gab es schon in der irdischen Geschichte. Dann werden einzelne fortgeschrittene Länder, in denen der Sozialismus gesiegt hat, zu Inseln inmitten einer kapitalistischen und teilweise sogar vorkapitalistischen Welt. Die herrschenden Klassen der nichtsozialistischen Länder werden alles versuchen, um diese Inseln zu zerstören, sie werden ständig kriegerische Überfälle organisieren und sogar unter den ehemaligen großen und kleinen Besitzenden in den sozialistischen Ländern genügend Verbündete finden, die zu jedem Verrat bereit sind. Das Ergebnis solcher Zusammenstöße ist schwer vorauszusagen. Aber selbst dort, wo der Sozialismus als Sieger hervorgeht, wird sein Charakter nach den vielen Jahren des Belagerungszustandes, nach dem unvermeidlichen Terror und dem Militarismus stark und für lange Zeit verzerrt sein, was unausweichlich einen barbarischen Patriotismus zur Folge haben wird. Es wird bei Weitem nicht unser Sozialismus sein.

Nach unseren früheren Plänen sollte unsere Einmischung darin bestehen, den Sieg des Sozialismus zu beschleunigen und zu fördern. Auf welche Weise könnten wir das tun? Erstens könnten wir den Erdenmenschen unsere technischen und wissenschaftlichen Möglichkeiten zur Beherrschung der Natur bringen und dadurch ihre Zivilisation so weit heben, dass die rückständigen Formen wirtschaftlichen und politischen Lebens in scharfem Widerspruch dazu stünden und infolge ihrer Untauglichkeit abgelöst würden. Zweitens könnten wir das sozialistische Proletariat in seinem revolutionären Kampf direkt unterstützen und ihm helfen, den Widerstand der anderen Klassen zu brechen. Andere Wege gibt es nicht. Aber werden wir auf diesen beiden Wegen das Ziel erreichen? Wir wissen jetzt nur zu gut, dass die Antwort auf diese Frage nur ein entschiedenes Nein sein kann.

Wozu würde es führen, wenn wir den Erdenmenschen unsere Kenntnisse überließen?

Als erste werden die herrschenden Klassen aller Länder diese Kenntnisse anwenden und damit ihre Macht vergrößern. Das ist unvermeidlich, weil sich alle Produktionsmittel in ihren Händen befinden und weil ihnen neunundneunzig von hundert aller Wissenschaftler und Ingenieure dienen – sie haben alle Möglichkeiten zur Anwendung der neuen Technik, und sie werden diese Technik nur soweit nutzen, wie das für sie vorteilhaft ist und wie das ihre Macht über die Massen stärkt. Mehr noch: Die neuen und mächtigen Mittel zur Vernichtung und Zerstörung werden unverzüglich eingesetzt werden, um das sozialistische Proletariat zu unterdrücken. Sie verzehnfachen die Ausbeutung und provozieren das Proletariat, damit es möglichst bald zu einem offenen Kampf gezwungen wird. In diesem Kampf werden die bewussten und besten Kräfte vernichtet, das Proletariat wird seiner geistigen Führung beraubt, bevor es ebenfalls die neuen und besseren Methoden militärischer Gewalt beherrscht. Auf diese Weise würde unsere Einmischung die Reaktion fördern und ihr gleichzeitig Waffen von ungewöhnlicher Stärke überlassen. Im Endeffekt würde das den Sozialismus um Jahrzehnte hinauszögern.

Und was würden wir erreichen, wenn wir das sozialistische Proletariat unmittelbar gegen seine Feinde unterstützen?

Nehmen wir an, dass es sich mit uns verbündet, was nicht sicher ist. Die ersten Siege werden dann leicht errungen. Aber danach? Unter allen anderen Klassen wird sich unvermeidlich ein verbissener Patriotismus entwickeln, der sich gegen uns und gegen die Sozialisten richtet. Das Proletariat stellt selbst in den fortgeschrittensten Ländern noch eine Minderheit dar; die Mehrheit wird von den ehemaligen kleinen Eigentümern gebildet, das sind die unwissendsten und rückständigsten Massen. Für die großen Eigentümer und ihre Gehilfen – die Beamten und Wissenschaftler – wird es ein Leichtes sein, diese Masse gegen das Proletariat aufzuhetzen, weil die ehemaligen kleinen Eigentümer ihrem Wesen nach konservativ und teilweise sogar reaktionär sind, sie empfinden jeglichen schnellen Fortschritt als unnatürlich. Das fortschrittliche Proletariat, von erbosten, rücksichtslosen Feinden umringt – ihnen werden sich auch breite Schichten ideologisch zurückgebliebener Proletarier zugesellen – befindet sich dann in derselben unerträglichen Lage, in die unsere Kolonisten inmitten besiegter Erdenstämme geraten würden. Es wird zahllose Überfälle, Pogrome, Metzeleien geben – und vor allem wird das Proletariat nicht mehr imstande sein, die Umgestaltung der gesamten Gesellschaft zu leiten. Wiederum würde unsere Einmischung die soziale Revolution nicht näherbringen, sondern hinauszögern.

Der Zeitpunkt dieser Revolution bleibt also ungewiss, und es kommt uns nicht zu, ihn bald herbeizuführen. Jedenfalls müssten wir darauf viel länger warten, als wir könnten. Schon in dreißig Jahren werden wir einen Bevölkerungsüberschuss von fünfzehn bis zwanzig Millionen haben, der danach jedes Jahr um weitere zwanzig bis fünfundzwanzig Millionen wachsen wird. Wir müssen rechtzeitig mit der Umsiedlung beginnen, sonst werden unsere Kräfte und Mittel nicht ausreichen, um sie in den notwendigen Ausmaßen durchzuführen.

Außerdem ist es mehr als zweifelhaft, dass wir selbst mit einer sozialistischen irdischen Menschheit friedlich auskämen, falls die Revolution unerwartet bald einträte. Wie ich schon gesagt habe, wird das in vielem nicht unser Sozialismus sein.

Die Jahrhunderte nationaler Zersplitterung, gegenseitigen Unverständnisses, harter und blutiger Kämpfe hinterlassen für lange Zeit tiefe Spuren in der Psyche der befreiten irdischen Menschheit; und wir wissen nicht, wie viel Barbarei und Engstirnigkeit in der neuen sozialistischen Gesellschaft zu finden sein werden.

Aus eigener Anschauung können wir sehen, wie sehr sich die Psyche der Erdenmenschen selbst bei deren besten Vertretern von der unseren unterscheidet. Wir haben beim letzten Experiment einen Sozialisten von der Erde mitgebracht, einen Mann, der sich in seinem Milieu durch seelische Kraft und körperliche Gesundheit auszeichnete.

Und was ist geschehen? Unser Leben ist ihm dermaßen fremd, es steht in einem solchen Widerspruch zu seiner inneren Struktur, dass nur wenig Zeit vergangen ist, und er ist schon an tiefer psychischer Zerrüttung erkrankt.

So ergeht es einem der Besten, den Menni selber unter vielen ausgewählt hat. Was können wir von den anderen erwarten?

Also bleibt dasselbe Dilemma: Entweder unseren Bevölkerungszuwachs aufhalten und damit unsere gesamte Entwicklung schwächen oder die Erde kolonisieren, nachdem die dortige Menschheit ausgemerzt wurde.

Ich spreche vom Ausmerzen der gesamten Menschheit, weil wir selbst für ihre sozialistische Avantgarde keine Ausnahme machen können. Erstens gibt es keinerlei technische Möglichkeiten, bei der allgemeinen Vernichtung diese kleine Avantgarde aus der übrigen Bevölkerung auszusondern.

Und zweitens – wenn es uns gelänge, die Sozialisten am Leben zu erhalten, würden sie selber einen erbitterten, gnadenlosen Kampf gegen uns beginnen, in dem sie sich bis zur völligen Ausrottung opfern würden. Sie würden sich niemals mit der Ermordung von vielen hundert Millionen Menschen abfinden, Menschen, die ihnen ähneln und mit denen sie viele enge Bande verbinden. Beim Zusammenprall zweier Welten darf es keine Kompromisse geben.

Wir müssen wählen. Und ich sage: Wir können nur das eine wählen.

Höheres Leben darf nie für niederes geopfert werden. Unter den Erdenmenschen finden sich nicht einmal ein paar Millionen, die bewusst nach einer wahrhaft menschlichen Lebensform streben.

Um dieser embryonalen Menschen willen können wir nicht auf die Möglichkeit verzichten, Dutzende, vielleicht Hunderte Millionen Menschen unserer Welt zu gebären – Menschen in unvergleichlich höherem Sinne dieses Wortes. Und wir werden nicht einmal grausam handeln, weil wir die Erdenmenschen mit viel geringeren Leiden vertilgen, als sie einander selber ständig zufügen.

Das Leben im Universum ist ein einheitliches Ganzes. Und für dieses Leben wird es kein Verlust, sondern eine Errungenschaft sein, wenn sich auf der Erde anstelle eines noch fernen, halbbarbarischen Sozialismus bald unser Sozialismus entfalten wird, ein unvergleichlich harmonischeres Leben in seiner ständigen grenzenlosen Entwicklung.«

(Nach Sternis Rede trat tiefe Stille ein. Sie wurde von Menni unterbrochen, der alle, die eine gegensätzliche Meinung hätten, zum Reden aufforderte. Das Wort ergriff Netti.)

8. Netti

»Das Leben im Universum ist ein einheitliches Ganzes, hat Sterni gesagt. Und was hat er uns vorgeschlagen?

Er will eine ganz eigenständige Form dieses Lebens, die wir dann niemals mehr wiederherstellen und ersetzen können, einfach vernichten, für immer ausrotten.

Viele Hundert Millionen Jahre bestand ein herrlicher Planet, er hatte sein eigenes, besonderes Leben, das sich von anderen unterschied. Aus seinen Elementen bildete sich allmählich Bewusstsein heraus; indem dieses Leben in grausamen und schwierigen Kämpfen immer höhere Stufen erklomm, nahm es endlich uns verwandte menschliche Formen an. Aber diese Formen sind nicht mit unseren identisch: In ihnen spiegelt und konzentriert sich die Geschichte einer anderen Natur, eines anderen Kampfes, in ihnen sind andere Widersprüche enthalten, andere Entwicklungsmöglichkeiten. Die Zeit ist gekommen, wo zum ersten Mal zwei große Lebenslinien miteinander vereint werden können. Welch neue Vielfalt, welch höhere Harmonie muss aus dieser Verbindung entstehen! Man sagt uns: Das Leben im Universum ist ein einheitliches Ganzes. Und deshalb muss man es nicht vereinen, sondern vernichten?

Als Sterni dargelegt hat, wie sich die irdische Menschheit, ihre Geschichte, ihre Sitten, ihre Psyche von der unseren unterscheiden, hat er seine Idee beinahe besser widerlegt, als ich es tun könnte. Wenn sie uns in allem völlig ähnelten außer in ihrer Entwicklungsstufe, wenn sie das wären, was unsere Vorfahren in der Epoche unseres Kapitalismus gewesen sind, könnte man Sterni zustimmen: Eine niedere Form darf um einer höheren willen geopfert werden, eine schwache um einer starken willen. Aber die Erdenmenschen sind anders als wir und unsere Vorfahren, und wenn wir sie ausmerzen, werden sie in der universellen Entwicklung nicht durch uns ersetzt, sondern wir füllen die Lücke, die wir im Reich der Lebensformen aufgerissen haben, nur mit uns aus.

Nicht in der Barbarei, nicht in der Grausamkeit der irdischen Zivilisation liegt der Unterschied zu uns. Barbarei und Grausamkeit sind nur Übergangserscheinungen der allgemeinen Verschwendungssucht, durch die sich das Leben auf der Erde auszeichnet. Dort ist der Existenzkampf energischer und intensiver, die Natur schafft unaufhörlich weit mehr Formen als bei uns, aber weit mehr gehen auch als Opfer der Entwicklung zugrunde. Das kann gar nicht anders sein, weil die Erde von ihrer Lebensquelle – der Sonne – achtmal mehr Strahlenenergie erhält als unser Planet. Daher wird dort so viel Leben vergeudet, deshalb entstehen in der Vielfalt seiner Formen so viele Widersprüche, und der Weg zu ihrem Ausgleich ist so qualvoll kompliziert und katastrophenreich. Im Reich der Pflanzen und Tiere haben Millionen Arten erbittert gekämpft und einander verdrängt, durch ihr Leben und ihren Tod haben sie zur Entstehung neuer, höherer und harmonischerer Typen beigetragen. So war es auch im Reich des Menschen.

Im Vergleich mit der Geschichte der irdischen Menschheit ist unsere Geschichte erstaunlich einfach, frei von Irrwegen und geradlinig bis zum Schematismus. Ruhig und allmählich bildeten sich die Elemente des Sozialismus heraus – die kleinen Eigentümer verschwanden, das Proletariat stieg von Stufe zu Stufe, all das geschah ohne Rückschläge und Erschütterungen auf dem gesamten Territorium des Planeten, der politisch geeint war. Gekämpft wurde zwar, aber die Menschen verstanden einander irgendwie, das Proletariat brauchte nicht weit vorauszublicken, und die Bourgeoisie hat ihre Macht auch nicht um jeden Preis verteidigt; unterschiedliche Epochen und Gesellschaftsformationen haben sich nicht in dem Maße vermischt, wie das auf der Erde geschieht, wo es in einem hochkapitalistischen Land zuweilen feudale Elemente und eine zahlenmäßig große Bauernschaft gibt, die eine ganze historische Periode zurückgeblieben ist und den oberen Klassen oft als Werkzeug zur Unterdrückung des Proletariats dient. Auf geradem und ebenem Wege sind wir vor einigen Generationen zu einer Gesellschaftsordnung gelangt, die alle Kräfte der sozialen Entwicklung befreit und vereint.

Der Weg, den unsere irdischen Brüder beschritten haben, war hingegen dornig, und er hatte viele Biegungen und Sackgassen. Manche von uns wissen das nicht, und niemand von uns ist imstande, sich klar vorzustellen, bis zu welchem Grade von Wahnsinn Kirche und Staat, die ideologischen und politischen Instrumente der herrschenden, oberen Klassen, die Fertigkeit entwickelt haben, Menschen zu quälen. Und was ist das Ergebnis? Hat sich die Entwicklung verlangsamt? Nein, wir haben keinen Grund, das zu behaupten, denn die ersten Stadien des Kapitalismus bis zum Entstehen eines sozialistischen proletarischen Bewusstseins sind inmitten dieser Wirren und grausamen Kämpfe unterschiedlicher Formationen nicht langsamer, sondern schneller verlaufen als bei uns. Die Härte und Unerbittlichkeit des Kampfes ließ jedoch in den Kämpfern Energie und Leidenschaft entstehen, sie gebar so viel Heroismus und solche Kraft zum Ertragen des Martyriums, wie sie der gemäßigtere und weniger tragische Kampf unserer Vorfahren nicht kannte. Darin ist der irdische Menschentyp dem unseren nicht unterlegen, sondern überlegen, obwohl wir auf einer viel höheren Stufe stehen, weil wir eine längere Entwicklung hinter uns haben.

Die irdische Menschheit ist zersplittert, die einzelnen Rassen und Völker sind mit ihren Territorien und ihren Traditionen eng verwachsen, sie sprechen unterschiedliche Sprachen, und tiefes gegenseitiges Misstrauen durchdringt alle ihre Lebensbereiche. Das alles ist richtig, und richtig ist auch, dass eine globale Vereinigung, die sich über diese Grenzen hinweg einen Weg bahnt, von unseren irdischen Brüdern viel später als bei uns erreicht werden wird. Aber man vergesse nicht die Ursachen und veranschlage die Folgen höher. Die Zersplitterung beruht auf der Größe des Erdballs, auf dem Reichtum und der Vielfalt seiner Natur. Das führt zu vielen unterschiedlichen Standpunkten in der Auffassung vom Universum. Sind deshalb die Erde und ihre Menschen etwa niedriger einzustufen als unsere Welt in analogen Epochen ihrer Geschichte? Ist es nicht gerade umgekehrt?

Selbst der Unterschied der irdischen Sprachen hat in vielem zur Entwicklung des Denkens beigetragen, indem es die Begriffe aus den ungenauen Worthüllen befreite, mit denen sie ausgedrückt werden. Vergleicht die Philosophie der Erdenmenschen mit der Philosophie unserer kapitalistischen Vorfahren! Die irdische Philosophie ist nicht nur mannigfaltiger, sondern auch diffiziler, sie geht nicht nur von komplizierterem Material aus, sondern die besten Schulen analysieren es auch umfassender, indem sie die Verbindung von Fakten und Begriffen richtiger bestimmen. Natürlich drückt jede Philosophie die Schwäche und Uneinheitlichkeit der Erkenntnis aus, sie ist ein Merkmal unzureichender wissenschaftlicher Entwicklung; Philosophie ist der Versuch, ein einheitliches Weltbild zu geben, indem die Lücken der wissenschaftlichen Erfahrung mit Hypothesen ausgefüllt werden; deshalb wird die Philosophie auf der Erde, wie das bei uns bereits geschehen ist, von einer Einheitslehre der Wissenschaft verdrängt werden. Man bedenke jedoch, wie viele Hypothesen, von den führenden Denkern hervorgebracht, in groben Zügen die Entdeckungen unserer Wissenschaft vorwegnehmen – das gilt für fast die gesamte Gesellschaftstheorie der Sozialisten. Menschen, die unsere Vorfahren im philosophischen Denken übertreffen, können uns auch später in der Wissenschaft vorauseilen.

Sterni will die irdische Menschheit an ihren Gerechten messen – den wenigen bewussten Sozialisten, die es jetzt gibt. Er will die Menschheit nach ihren heutigen Widersprüchen beurteilen und nicht nach den Elementen, aus denen diese Widersprüche hervorgegangen sind und zu ihrer Zeit gelöst werden. Er will diesen stürmischen, aber herrlichen Ozean des Lebens für immer trockenlegen!

Wir müssen ihm fest und entschlossen erwidern: Niemals!

Wir müssen einen künftigen Bund mit der irdischen Menschheit vorbereiten. Den Übergang zu einer freien Ordnung können wir nicht merklich beschleunigen, aber das wenige, was wir dazu beitragen können, müssen wir tun. Und wenn wir den ersten Gesandten der Erde in unserer Welt nicht vor unnötigen Leiden und Krankheiten bewahren konnten, macht uns das wenig Ehre. Zum Glück wird er bald genesen sein, und selbst wenn ihn letzten Endes der zu schnelle Kontakt mit dem ihm fremden Leben töten sollte, kann er noch viel für den künftigen Bund zweier Welten tun.

Unsere eigenen Schwierigkeiten und Gefahren müssen wir auf andere Weise überwinden. Viel mehr Wissenschaftler als bisher müssen sich mit der Eiweißsynthese befassen, wir müssen die Kolonisation der Venus vorbereiten, soweit das möglich ist. Wenn wir diese Aufgaben nicht in der kurzen Frist lösen, die uns verbleibt, müssen wir vorübergehend das Bevölkerungswachstum bremsen. Welcher vernünftige Geburtshelfer opfert nicht das Leben eines ungeborenen Kindes, um das Leben der Mutter zu retten? Wenn es notwendig sein sollte, müssen wir ebenfalls auf einen Teil unseres ungeborenen Lebens verzichten, um das fremde irdische Leben zu retten, das vorhanden ist und sich entwickelt. Der künftige Bund zweier Welten wird uns dieses Opfer vielfach lohnen. Die Einheit des Lebens ist das höchste Ziel, und die Liebe ist – die höchste Vernunft!« (Tiefes Schweigen. Dann ergreift Menni das Wort.)

9. Menni

»Ich habe aufmerksam die Anwesenden beobachtet und sehe, dass die überwiegende Mehrheit auf Nettis Seite steht. Darüber bin ich sehr froh, weil ich ebenso denke. Ich ergänze ihren Vortrag lediglich durch eine praktische Erwägung, die mir sehr wichtig erscheint. Es besteht nämlich die ernste Gefahr, dass gegenwärtig unsere technischen Mittel gar nicht ausreichen würden, um in großem Maßstab andere Planeten zu besiedeln.

Wir können zehntausend große Sternschiffe bauen, aber womit wollen wir sie antreiben? Dazu brauchten wir ungeheure Mengen von radioaktivem Material als Treibstoff. Alle uns bekannten Lagerstätten sind jedoch bald erschöpft, und neue werden immer seltener entdeckt.

Wir dürfen nicht vergessen, dass wir das radioaktive Material nicht nur dazu benötigen, den Sternschiffen ihre riesige Geschwindigkeit zu verleihen. Vielmehr beruht unsere gesamte Chemietechnik jetzt auf diesen Stoffen. Wir verbrauchen sie bei der Produktion der Minus-Materie, ohne die unsere Sternschiffe und unsere zahllosen Flugzeuge zu untauglichen schweren Kästen würden. Auf die Anwendung radioaktiven Materials kann also nicht verzichtet werden.

Am schlimmsten ist jedoch, dass die einzig mögliche Alternative zur Kolonisation – die Eiweißsynthese – unrealisierbar wird, wenn radioaktives Material fehlt. Eine technisch einfache und industriell bequem anwendbare Methode zur Herstellung von künstlichem Eiweiß ist bisher unbekannt. Auf dem Weg einer allmählichen Anreicherung von Molekülen ist es schon vor einigen Jahren gelungen, Eiweiß herzustellen, allerdings in winzigen Mengen und mit großem Energie-

und Zeitaufwand, sodass das nur theoretische Bedeutung hat. Die Massenproduktion von Eiweiß aus anorganischen Stoffen ist nur möglich, wenn die chemische Zusammensetzung der Moleküle schnell und markant verändert wird, was durch die Einwirkung instabiler Elemente auf gewöhnliche, stabile Materie erreicht werden könnte. Um in dieser Richtung voranzukommen, müssen sich zehntausende Wissenschaftler mit der Erforschung der Eiweißsynthese befassen und Millionen von Experimenten durchführen. Für diese Forschungen und für die spätere Massenproduktion von Eiweiß brauchen wir wiederum gewaltige Mengen an radioaktivem Material, das uns jetzt nicht zur Verfügung steht.

Wie wir es auch betrachten, wir können das Problem nur dann lösen, wenn wir neue Radiumlager finden. Aber wo wollen wir sie suchen? Offensichtlich auf anderen Planeten, das heißt auf der Erde oder auf der Venus. Für mich steht aber fest, dass wir den ersten Versuch auf der Venus machen müssen.

Es ist anzunehmen, dass es auf der Erde reiche Vorräte an radioaktiven Erzen gibt. Bei der Venus ist das sicher. Die irdischen Lagerstätten sind uns unbekannt, und die bisher von dortigen Wissenschaftlern entdeckten Funde reichen nicht aus. Die Radiumlager auf der Venus wurden von uns schon beim Betreten dieses Planeten entdeckt. Auf der Erde lagern die radioaktiven Erze offenbar wie bei uns in tieferen Schichten. Auf der Venus befinden sich einige Lager dicht unter der Oberfläche, sodass ihre Strahlung sogar durch Fotografieren entdeckt wurde. Wenn wir Radium auf der Erde suchten, müssten wir das Festland so umwühlen, wie wir das auf unserem Planeten getan haben. Jahrzehnte könnten vergehen, und es bestände noch das Risiko, dass wir uns in den Erwartungen getäuscht hätten. Auf der Venus brauchten wir nur das abzubauen, was wir schon gefunden haben, und das könnten wir unverzüglich tun.

Ganz gleich, wie wir später über die Kolonisation anderer Planeten entscheiden werden, jetzt müssen wir erst einmal Sternschiffe auf die Venus entsenden, um radioaktives Material zu gewinnen. Damit schaffen wir die Voraussetzung für weitere Schritte.

Die Venus bietet zwar große natürliche Hindernisse, aber wir brauchten sie vorläufig nicht völlig zu überwinden. Es genügt, wenn wir ein kleines Stück des Planeten beherrschen. Eigentlich handelt es sich um eine einzige große Expedition. Wir werden uns dort nicht mehrere Monate aufhalten wie bei unseren früheren Expeditionen, sondern mehrere Jahre, um möglichst viel Radium zu gewinnen. Dabei müssen wir uns vor den unbekannten Krankheiten, dem schädlichen Klima und anderen Gefahren schützen. Das wird viele Opfer kosten, möglicherweise kehren von dieser Expedition nur wenige zurück. Aber der Versuch muss unbedingt gewagt werden.

Der geeignetste Ort für eine Landung ist die Insel der heißen Stürme. Ich habe sie gründlich erforscht und einen genauen Aktionsplan ausgearbeitet. Wenn Sie jetzt darüber beraten möchten, kann ich ihn sogleich darlegen.«

(Niemand sprach sich dagegen aus, und Menni erläuterte seinen Plan, wobei er ausführlich auf alle technischen Einzelheiten einging. Nach ihm meldeten sich andere Redner, aber alle sprachen ausschließlich zu seinem Plan und erörterten Details. Einige zweifelten am Erfolg der Expedition, doch alle stimmten darin überein, dass man sie entsenden müsse. Am Schluss wurde die Entschließung angenommen, die Menni unterbreitet hatte.)

10. Der Mord

Ich war so tief bestürzt, dass ich keinen klaren Gedanken fassen konnte. Ein kalter eiserner Ring umklammerte mein Herz, und ich sah deutlich Sternis vierschrötige Gestalt und sein unerbittlich hartes Gesicht. Alles andere verlor sich in einem dunklen Chaos.

Wie ein Automat schritt ich aus der Bibliothek und setzte mich in meine Gondel. Wegen des eisigen Zugwinds musste ich mich fest in den Mantel hüllen. So kam mir ein Gedanke, der sich gleich in mein Hirn bohrte: Ich muss allein sein. Als ich daheim angekommen war, führte ich ihn aus – mechanisch, als handelte nicht ich, sondern ein anderer an meiner Stelle.

Ich schrieb an die Fabrikverwaltung, dass ich eine Zeit lang der Arbeit fernbleiben würde. Enno erklärte ich, dass wir uns vorläufig trennen müssten. Sie blickte mich forschend an und erblasste, sagte jedoch kein Wort. Erst beim Abflug fragte sie, ob ich nicht Nella sehen möchte. Ich verneinte das und küsste Enno zum letzten Mal.

Dann verfiel ich in eine Erstarrung. Ich spürte den Schmerz des kalten eisernen Ringes, und Bruchstücke von Gedanken irrten durch meinen Kopf. Von Nettis und Mennis Reden war eine blasse, gleichgültige Erinnerung geblieben – als wäre das alles unwichtig und uninteressant. Einmal nur blitzte es auf: Deshalb also ist Netti auf die Venus geflogen, denn von dieser Expedition hängt alles ab! Scharf und deutlich traten einzelne Worte und ganze Sätze aus Sternis Rede hervor:

»Wir können nur das eine wählen ... diese embryonalen Menschen ... völlige Ausmerzung der Erdbevölkerung ... er ist schon an tiefer psychischer Zerrüttung erkrankt ...« Aber das alles ergab keinen Zusammenhang, keine Schlussfolgerung. Manchmal sah ich die

Ausrottung der Menschheit als Tatsache, aber in verworrener, abstrakter Form. Der Schmerz verstärkte sich, und mir wurde bewusst, dass ich an dieser Ausrottung schuld war.

Dann durchfuhr es mich, dass noch nichts geschehen sei und vielleicht nichts geschehen werde. Der Schmerz ließ jedoch nicht nach, und mein Hirn stellte fest: Alle werden sterben ... auch Anna Nikolajewna ... und der Arbeiter Wanja ... und Netti, nein, Netti bleibt am Leben, sie ist ein Marsmensch ... aber alle anderen werden sterben ... und man wird nicht einmal grausam handeln, denn die Menschen werden kaum leiden ... ja, das hat Sterni gesagt ... und alle werden sterben, weil ich krank war ... also bin ich schuld. Diese Gedanken gefroren und blieben in meinem Gedächtnis haften, kalt, unbeweglich. Und die Zeit blieb mit ihnen stehen.

Es war eine Fieberfantasie, ein quälendes, langwährendes, auswegloses Traumbild. Die Phantome existierten nicht außerhalb meiner Einbildungskraft, ein schwarzes Phantom hatte sich in meiner Seele eingenistet. Und es blieb dort, weil die Zeit stillstand.

Der Gedanke an Selbstmord tauchte auf und setzte sich in mir fest, bezwang aber nicht mein Bewusstsein. Ein Selbstmord erschien mir nutzlos und traurig: Konnte er den schwarzen Schmerz vertreiben, der alles war? Ich vertraute einem Selbstmord nicht, weil ich nicht an meine Existenz glaubte. Die Beklemmung, die Kälte, das verhasste Alles existierten, aber mein Ich verlor sich darin als etwas Bedeutungsloses, Nichtiges, Unendlich-Kleines. Das Ich war nicht vorhanden.

In manchen Minuten wurde mein Zustand so unerträglich, dass ich den unwiderstehlichen Drang verspürte, mich auf alles zu stürzen, auf alles einzuschlagen, alles zu zerstören, zu vernichten. Aber ich wusste noch, dass das sinnlos und kindisch gewesen wäre; ich biss die Zähne zusammen und bezähmte mich.

Immer wieder musste ich an Sterni denken. Er war gleichsam das Zentrum aller Beklemmung und allen Schmerzes. Ganz allmählich, sehr langsam, aber ununterbrochen formte sich um dieses Zentrum herum eine Absicht, die dann zu einem klaren und unwiderruflichen Entschluss wurde: Ich muss Sterni sehen! Warum ich ihn sehen wollte, konnte ich nicht sagen. Es war nur unbezweifelbar, dass ich ihn aufsuchen würde. Und es war zugleich quälend schwer, aus meiner Lethargie zu erwachen, um den Entschluss auszuführen.

Endlich kam der Tag, an dem meine Energie ausreichte, um diesen inneren Widerstand zu brechen. Ich setzte mich in die Gondel und flog zu Sternis Observatorium. Unterwegs versuchte ich zu überlegen, worüber ich mit ihm sprechen wollte, aber die Kälte in meinem Herzen und der Frost in der Natur erstickten meine Gedanken. Nach drei Stunden war ich angelangt.

Nachdem ich den großen Saal des Observatoriums betreten hatte, sagte ich zu einem von Sternis Gehilfen: »Ich muss Sterni sehen.« Der Mann ging fort, kehrte nach einem Augenblick zurück und erklärte mir, Sterni wäre mit der Überprüfung von Instrumenten beschäftigt und käme in einer Viertelstunde, ich sollte es mir in seinem Arbeitszimmer bequem machen.

Man führte mich in den Raum, ich setzte mich in den Schreibtischsessel und wartete. Das Zimmer war voller Geräte und Maschinen, die ich nur zum Teil kannte. Rechts von meinem Sessel stand ein kleines Instrument auf einem schweren dreibeinigen Stativ, auf dem Schreibtisch lag ein aufgeschlagenes Buch über die Erde und ihre Bewohner. Unwillkürlich begann ich zu lesen, aber nach den ersten Worten hörte ich auf und verfiel in einen Zustand, der meiner vorherigen Lethargie ähnelte. Neben der gewohnten Beklemmung verspürte ich noch eine krampfhafte Erregung. So verging eine gewisse Zeit.

Im Korridor erklangen schwere Schritte, Sterni kam mit ruhigsachlicher Miene ins Zimmer, ließ sich in einen Sessel an der anderen Seite des Schreibtischs nieder und sah mich fragend an. Ich schwieg. Er wartete ungefähr eine Minute, ehe er sich an mich wandte: »Womit kann ich dienen?«

Ich schwieg weiter und betrachtete ihn unverwandt wie einen toten Gegenstand. Er zuckte kaum merklich die Schultern und räkelte sich abwartend im Sessel.

»Sie sind Nettis Mann ...«, brachte ich endlich angestrengt hervor.

»Ich war Nettis Mann«, berichtigte er mich in gelassenem Tonfall. »Wir haben uns vor langer Zeit getrennt.«

»Die Ausrottung ... wird nicht ... grausam sein«, fuhr ich fort, halbbewusst den Gedanken wiederholend, der sich in meinem Hirn eingegraben hatte. »Ach, das ist es«, sagte er, ohne den Tonfall zu ändern. »Davon ist doch jetzt keine Rede mehr. Wie Sie wissen, hat man eine andere vorläufige Entscheidung getroffen.«

»Eine vorläufige Entscheidung ...«, wiederholte ich automatisch.

»Was meinen damaligen Plan betrifft«, fuhr Sterni fort, »so habe ich ihn nicht völlig verworfen, aber ich muss eingestehen, dass ich ihn heute nicht mehr so überzeugt verteidigen würde.«

»Nicht völlig verworfen ...«, wiederholte ich.

»Ihre Genesung und Ihre Teilnahme an unserer gemeinsamen Arbeit haben zum Teil meine Argumente zerstört ...«

»Ausrottung ... zum Teil«, unterbrach ich ihn. All meine Beklemmung und Qual mussten sich deutlich in meiner unbewussten Ironie spiegeln. Sterni erblasste und sah mich beunruhigt an. Wir schwiegen.

Mit unerhörter Kraft zog sich der kalte Ring des Schmerzes plötzlich zusammen. Ich klammerte mich an die Sessellehne, um nicht aufzuschreien. Meine Hände ergriffen krampfhaft etwas Festes und Kaltes. Es war ein schwerer Gegenstand. Der elementare, unbezwingbare Schmerz wurde zur wütenden Verzweiflung.

Ich sprang auf, holte kräftig aus und schlug zu. Ein Bein des Stativs traf Sternis Schläfe. Ohne einen Schrei, ohne ein Stöhnen neigte sich der leblose Körper zur Seite. Ich warf meine Waffe fort, sie schlug klirrend an einen Apparat. Alles war beendet.

Ich ging hinaus und sagte dem ersten Mann, dem ich begegnete: »Ich habe Sterni getötet.« Er erbleichte und lief ins Arbeitszimmer, wo er sich offenbar gleich davon überzeugte, dass Hilfe nicht mehr nötig war. Zu mir zurückgekehrt, führte er mich in sein Zimmer, und nachdem er einem anderen Gehilfen aufgetragen hatte, einen Arzt zu rufen und selbst zu Sterni zu gehen, blieb er allein mit mir. Mich anzusprechen, wagte er nicht.

Ich fragte ihn: »Ist Enno hier?«

»Nein, sie ist für einige Tage zu Nella geflogen.«

Dann schwiegen wir wieder, bis der Arzt erschien. Er versuchte gleich, mich über das Geschehene auszufragen; ich sagte, dass ich nicht darüber sprechen möchte. Da brachte er mich in die nächstgelegene Anstalt für Geisteskranke.

Dort überließ man mir einen großen gemütlichen Raum und belästigte mich lange nicht. Mehr konnte ich mir nicht wünschen.

Die Lage schien mir klar zu sein. Ich habe Sterni getötet und damit alles verdorben, dachte ich. Die Marsmenschen sehen mit eigenen Augen, was sie von Kontakten mit den Erdenmenschen zu gewärtigen haben. Selbst der Mann, den sie für den anpassungsfähigsten gehalten haben, kann ihnen nichts als Gewalt und Tod bringen. Sterni ist tot – seine Idee wird auferstehen. Die letzte Hoffnung schwindet, die Menschen auf der Erde werden ausgerottet werden. Und ich bin schuld an allem.

Diese Gedanken kamen mir bald nach dem Mord, und sie ließen mich nicht los. Anfangs spürte ich eine gewisse Befriedigung wegen ihrer nüchternen Unanfechtbarkeit. Dann verstärkten sich wieder Beklemmung und Schmerz, anscheinend bis ins Grenzenlose.

Dazu gesellte sich ein tiefer Ekel vor mir selber. Ich fühlte mich als Verräter an der ganzen Menschheit. Die verschwommene Hoffnung keimte auf, dass die Marsmenschen mich töten würden, aber sogleich wurde mir bewusst, dass ich ihnen zu widerwärtig sei und Verachtung sie hindern würde, das zu tun. Sie verbargen zwar ihren Widerwillen, aber ich spürte ihn deutlich, sosehr sie sich auch verstellten.

Wie viel Zeit auf diese Weise verstrich, weiß ich nicht. Schließlich kam ein Arzt und sagte, ich brauchte eine andere Umgebung und würde auf die Erde gebracht. Ich dachte, damit meine er meine bevorstehende Hinrichtung, aber ich nahm es gefasst auf. Ich bat nur darum, meinen Körper möglichst weit im Weltraum aus dem Sternschiff zu werfen, damit er nicht auf einen Planeten falle und ihn beflecke.

An den Rückflug kann ich mich nur trübe erinnern. Bekannte Gesichter sah ich nicht, gesprochen habe ich mit niemandem. Mein Geist war nicht verwirrt, aber ich bemerkte fast nichts von meiner Umgebung. Mir war alles gleichgültig.

Teil IV

1. Bei Werner

Ich lebte nun in der Anstalt bei Doktor Werner, einem alten Genossen von mir. Wie ich dorthin gekommen war, wusste ich nicht. Es war eine Irrenanstalt in einem nördlichen Gouvernement, ich kannte sie aus Werners Briefen. Sie lag einige Werst von der Gouvernement-Stadt entfernt, war jämmerlich eingerichtet und stets schrecklich überfüllt. Der Verwalter galt als äußerst durchtrieben, das unzureichende medizinische Personal war von Arbeit überanstrengt. Wegen des Verwalters, wegen fehlender Baracken, die sehr widerstrebend errichtet wurden, wegen der Kirche, die hingegen mit großen Kosten ständig ausgebaut wurde, wegen der Besoldung des Personals und anderer Dinge führte Doktor Werner einen beharrlichen Krieg mit den sehr gleichgültigen Behörden. Die Kranken wurden vollends schwachsinnig, statt zu genesen, und starben wegen Luft- und Nahrungsmangel an Tuberkulose. Werner hätte natürlich längst seine Stellung aufgekündigt, wenn ihn nicht persönliche Umstände, die mit seiner revolutionären Vergangenheit zusammenhingen, zum Bleiben gezwungen hätten.

Mich berührten die Reize der ländlichen Heilanstalt in keiner Weise. Werner war ein Genosse und zögerte nicht, meinetwegen auf Bequemlichkeiten zu verzichten. In seiner großen Wohnung, die ihm als Chefarzt zustand, überließ er mir zwei Zimmer in einem anderen brachte er einen jungen Feldscher unter, in einem weiteren einen in der Illegalität lebenden Genossen, den er als Krankenwärter ausgab. Ich hatte natürlich nicht den Komfort wie auf dem Mars, und bei allem Zartgefühl der jungen Genossen war die Beaufsichtigung viel plumper und bemerkbarer als vorher, aber das war für mich völlig unwichtig.

Ebenso wie die marsianischen Ärzte behandelte mich Doktor Werner kaum, er gab mir lediglich hin und wieder ein Schlafmittel und sorgte hauptsächlich dafür, dass ich es bequem und ruhig hatte. Jeden Morgen und jeden Abend besuchte er mich nach dem Bad, das die fürsorglichen Genossen für mich richteten, aber er kam nur für eine Minute und beschränkte sich auf die Frage, ob ich etwas brauche. Ich hatte mir in den langen Monaten meiner Krankheit das Reden völlig abgewöhnt und antwortete nur »nein« oder erwiderte gar nichts. Aber seine Aufmerksamkeit rührte mich, zudem meinte ich, dass ich eine solche Behandlung gar nicht verdiene und ihm das mitteilen müsste. Schließlich nahm ich meine Kräfte zusammen und sagte ihm, ich sei ein Mörder und Verräter, und meinetwegen werde die ganze Menschheit umkommen. Er erwiderte nichts, sondern lächelte nur und kam daraufhin öfter zu mir.

Allmählich wirkte der Wechsel der Umgebung wohltuend auf mich. Der Schmerz verkrampfte mein Herz seltener, die Beklemmung ließ nach, meine Gedanken wurden immer beweglicher und klarer. Ich konnte das Zimmer verlassen, im Park und im nahen Wäldchen spazieren gehen. Ein Genosse war ständig in der Nähe; das war unangenehm, aber ich begriff, dass man einen Mörder nicht frei herumlaufen lassen konnte. Zuweilen unterhielt ich mich mit meinen Wächtern, natürlich über unverfängliche Themen.

Es war zeitiges Frühjahr, und die erwachende Natur linderte meine quälenden Erinnerungen; wenn ich die Vögel zwitschern hörte, fand ich sogar eine traurige Befriedigung bei dem Gedanken, dass sie am Leben bleiben würden und nur die Menschen zum Untergang verdammt wären. Einmal begegnete mir am Wäldchen ein Geisteskranker, der mit einem Spaten zur Feldarbeit ging. Er stellte sich eiligst vor, wobei er sich mit ungewöhnlichem Stolz als Wachtmeister ausgab. Der Mann litt an Größenwahn, und ein Wachtmeister war offensichtlich der höchste Dienstrang, den er in seinem Leben kennengelernt hatte. Zum ersten Mal während meiner Krankheit musste ich unwillkürlich lachen. Ich spürte mein Vaterland, und wie Antäus sog ich neue Kräfte aus der heimatlichen Erde.

2. Wirklichkeit oder Fantasie?

Als ich über alles nachdachte, war ich plötzlich neugierig, ob Werner und die beiden anderen Genossen wussten, wo ich gewesen war und was ich getan hatte. Ich fragte Werner, wer mich zu ihm gebracht hatte. Er antwortete, es wären zwei unbekannte junge Männer gewesen, die ihm jedoch über meine Krankheit nichts mitteilen konnten. Sie hätten mich in der Hauptstadt krank angetroffen, hätten von mir den Namen Doktor Werner gehört und sich deshalb an ihn gewandt. Am gleichen Tag, an dem sie mich gebracht hatten, waren sie wieder fortgefahren. Werner hatte in ihnen zuverlässige Genossen gesehen, denen er nicht zu misstrauen brauchte. Er selbst hatte mich schon vor einigen Jahren aus den Augen verloren und von niemandem etwas über mich erfahren können.

Ich wollte Werner die Geschichte meiner Mordtat erzählen, doch das kam mir sehr schwierig vor, denn die verwickelten Umstände mussten jedem nüchtern denkenden Menschen sehr merkwürdig erscheinen. Als ich Werner meine Verlegenheit erklärte, erhielt ich von ihm den Rat:

»Am besten, Sie erzählen mir vorläufig gar nichts. Das schadet nur Ihrer Genesung. Natürlich werde ich nicht mit Ihnen streiten, aber ich glaube Ihre Geschichte sowieso nicht. Sie leiden an Melancholie, einer Krankheit, bei der sich die Menschen völlig aufrichtig unerhörte Verbrechen zuschreiben, und Ihr Hirn, das sich diesen Fantasien anpasst, schafft die falschen Erinnerungen. Aber auch Sie würden mir nicht glauben, bevor Sie nicht genesen sind, und deshalb ist es besser, wenn Sie Ihre Geschichte bis dahin für sich behalten.«

Wenige Monate früher hätte ich in Werners Worten zweifellos größtes Misstrauen und höchste Verachtung gesehen. Aber nun, wo meine Seele schon Erholung und Ruhe suchte, verhielt ich mich ganz anders. Der Gedanke, dass mein Verbrechen den Genossen unbekannt war und auch von Gesetzes wegen bezweifelt werden konnte, war mir angenehm. Ich dachte seltener daran.

Die Genesung schritt schnell voran, nur hin und wieder kehrte die Beklemmung zurück, doch nie für längere Zeit. Werner war zufrieden mit mir und befreite mich sogar von der medizinischen Aufsicht. Einmal, als ich über meine angeblichen Fantasien nachdachte, bat ich ihn, mir eine typische Krankengeschichte eines Melancholikers zu geben, denn in der Anstalt waren sicher schon mehrere solche Kranke behandelt worden. Werner wählte vor meinen Augen aus einem großen Stapel eine Krankengeschichte aus und reichte sie mir.

Es ging um einen Bauern aus einem entlegenen, gottverlassenen Dorf, den die Not in die Hauptstadt getrieben hatte, wo er in einer großen Fabrik sein Brot verdiente. Das Leben einer Großstadt hatte ihn offensichtlich stark schockiert, und nach den Worten seiner Frau war er lange Zeit »wie nicht ganz bei Sinnen«. Das verging allmählich, und er lebte und arbeitete wie alle anderen. Als in der Fabrik ein Streik ausbrach, hielt er treu zu den Genossen. Der Streik war lang und hartnäckig; der Mann, seine Frau und sein Kind mussten schlimm hungern. Er »wurde plötzlich traurig«, machte sich Vorwürfe, dass er geheiratet und ein Kind gezeugt habe und dass er gar nicht »nach Gottes Willen lebe«.

Danach fing er an zu »spinnen«, man brachte ihn in ein Krankenhaus und von dort in die Anstalt des Gouvernements, aus dem er stammte. Er behauptete, Streikbrecher gewesen zu sein und seine Kameraden verraten zu haben, darunter einen »guten Ingenieur«, der die Streikenden heimlich unterstützt hätte und deshalb von der Regierung gehängt worden wäre. Zufällig kannte ich die Geschichte des Streiks – ich arbeitete damals in der Hauptstadt. In Wirklichkeit hatte es keinen Verrat gegeben, und ein »guter Ingenieur« war nicht eingesperrt, geschweige denn hingerichtet worden. Der kranke Arbeiter ist schließlich genesen.

Die Geschichte weckte in mir Zweifel. Ich wusste nicht mehr, ob ich tatsächlich einen Mord verübt hatte oder ob sich mein Hirn den Fantasien anpasste, wie Werner gesagt hatte. Zu der Zeit waren alle meine Erinnerungen an das Leben unter den Marsmenschen merkwürdig verworren und blass, in vielem sogar bruchstückhaft und unvollständig, und obwohl das Bild des Verbrechens am deutlichsten war, trübte es sich doch unter den einfachen und klaren Eindrücken der Gegenwart. Manchmal schob ich die kleinmütigen, beschwichtigenden Zweifel beiseite und erkannte klar, dass alles Wirklichkeit gewesen war, die ich nicht ableugnen konnte. Aber dann kamen die Zweifel und Sophismen wieder und halfen mir, von der Vergangenheit loszukommen. Der Mensch glaubt sehr gern, was ihm angenehm ist. Und obwohl ich mir tief in meiner Seele bewusst war, dass ich mir etwas vorlog, klammerte ich mich an diese Lüge, wie man sich angenehmen Träumen hingibt.

Ohne diesen Selbstbetrug wäre ich wohl nicht so schnell und so vollständig gesund geworden.

3. Die Ereignisse in der Heimat

Werner schirmte mich von allen Eindrücken ab, die für meine Gesundheit »nicht nützlich« gewesen wären. Er erlaubte mir nicht, ihn in der Anstalt zu besuchen, und von allen Geisteskranken, die sich dort befanden, konnte ich nur die unheilbar Schwachsinnigen und Degenerierten beobachten, die frei umherliefen und sich mit verschiedenen Arbeiten auf dem Feld, im Park und im Garten beschäftigten. Sie interessierten mich nicht, denn – offen gesagt – ich mag nichts, was hoffnungslos, unnötig und unrettbar verloren ist. Ich wollte die frisch Erkrankten sehen und vor allem diejenigen, die gesunden konnten, besonders Gemütskranke und Menschen mit lustigen Manien. Werner versprach immer wieder, mir alle Kranken zu zeigen, wenn meine Genesung ausreichend fortgeschritten sei, aber er zögerte es ständig hinaus. So kam es nicht dazu.

Noch mehr bemühte sich Werner, mich vom politischen Leben meiner Heimat zu isolieren. Offensichtlich meinte er, die Erkrankung wäre aufgrund der schweren Erlebnisse während der Revolution im Jahr 1905 entstanden; er wollte nicht einmal hören, dass ich die ganze Zeit unter Marsmenschen gelebt hatte und gar nicht wissen konnte, was in der Heimat geschehen war. Meine völlige Unwissenheit hielt er einfach für Vergesslichkeit, durch meine Krankheit bedingt, und er fand, das wäre günstig für mich. Werner erzählte mir nichts über die politischen Geschehnisse, und er verbot es auch meinen Leibwächtern. In seiner Wohnung gab es keine einzige Zeitung und kein einziges Journal der letzten Jahre, alles wurde in seinem Zimmer in der Anstalt aufbewahrt. Ich sollte auf einer politisch keimfreien Insel leben.

Anfangs, als ich nur Ruhe und Stille brauchte, gefiel mir das. Aber als ich wieder zu Kräften kam, wurde es mir immer enger auf meiner Insel; ich bedrängte meine Begleiter mit Fragen, aber getreu der ärztlichen Anweisung lehnten sie es ab, mir zu antworten. Das war ärgerlich und traurig. Ich suchte nach Wegen, um mich aus meiner politischen Quarantäne zu befreien, und wollte Werner davon überzeugen, dass ich gesund genug sei, um Zeitungen zu lesen. Aber das war zwecklos: Werner erklärte, es sei zu früh, und er entscheide selber, wann meine geistige Diät abgesetzt werde.

Mir blieb nichts übrig, als zu einer List zu greifen. Ich musste in meiner Umgebung einen Helfer finden. Den Feldscher auf meine Seite zu ziehen wäre sehr schwierig gewesen: Er besaß eine zu hohe Vorstellung von seinen beruflichen Pflichten. Also richtete ich meine Bemühungen auf den anderen Leibwächter, den Genossen Wladimir. Bei ihm traf ich nicht auf großen Widerstand.

Wladimir war Arbeiter gewesen. Wenig gebildet und fast noch ein Kind, war er ein einfacher Soldat der Revolution, aber schon ein erfahrener Kämpfer. Während eines berüchtigten Pogroms, bei dem viele Genossen im Kugelhagel und in den Flammen umkamen, hatte er sich einen Weg durch die mordende Soldateska gebahnt, wobei er mehrere Mann erschoss und rein durch Zufall selbst unversehrt blieb. Danach zog er lange illegal durch Städte und Dörfer, die bescheidene und gefährliche Aufgabe erfüllend, Waffen und Literatur zu transportieren. Schließlich wurde ihm der Boden zu heiß unter den Füßen, und er musste sich für eine Weile bei Werner verstecken. Das alles erfuhr ich natürlich später. Aber von Anfang an merkte ich, dass der Mangel an Bildung den Jungen sehr bedrückte, denn ohne wissenschaftliche Kenntnisse würde er nie selbstständige Aufgaben übernehmen können. Ich begann, mich mit ihm zu beschäftigen, und sehr bald hatte ich sein Herz erobert. Das weitere war leicht, medizinische

Erwägungen waren Wladimir ohnehin wenig eingängig, und wir beide wurden zu Verschwörern, sodass Werners Strenge sinnlos war. Aus den Zeitungen, Journalen und politischen Broschüren, die mir Wladimir heimlich brachte, und aus seinen Berichten erfuhr ich bald, was in den Jahren meiner Abwesenheit in meiner Heimat geschehen war.

Die Revolution war ungleichmäßig verlaufen und hatte sich qualvoll hingeschleppt. Die Arbeiterklasse hatte angegriffen und dank ihrem heftigen Ansturm große Siege erzielt, aber als sie im entscheidenden Moment nicht von den bäuerlichen Massen unterstützt wurde, brachten ihr die vereinten Kräfte der Reaktion eine schwere Niederlage bei. Während die Arbeiterklasse Energie für einen erneuten Kampf sammelte und auf die bäuerliche Nachhut der Revolution wartete, begannen Verhandlungen zwischen der Gutsbesitzerklasse und der Bourgeoisie; man handelte und verhandelte, um die Revolution zu ersticken. Das Ganze fand in Form einer parlamentarischen Komödie statt; die Verhandlungen endeten ständig mit einem Misserfolg wegen der unversöhnlichen Haltung der reaktionären Gutsbesitzer. Ein Spielzeugparlament nach dem anderen wurde einberufen und wieder auseinandergejagt. Erschöpft von den Stürmen der Revolution, erschreckt vor dem selbstständigen und energischen ersten Auftreten des Proletariats, schwenkte die Bourgeoisie immer weiter nach rechts. Die Bauernschaft, die überwiegend revolutionär gestimmt war, gewann langsam an politischer Erfahrung und erhellte ihren Weg zu höheren Formen des Kampfes mit der Fackel zahlloser Brandstiftungen. Die alten Machthaber versuchten einerseits, die Bauernschaft blutig zu unterdrücken, andererseits, einen Teil der Bauern durch Verkauf von Land zu ködern. Der Landverkauf wurde jedoch in so läppischen Ausmaßen und auf so plumpe Weise durchgeführt, dass die Angelegenheit keinen Erfolg hatte. Immer häufiger wurden von Einzelkämpfern und Partisanengruppen Gewaltakte verübt. Im Land herrschte ein doppelter Terror – von oben und von unten – wie ihn unser Land und die Welt nie gekannt hatten.

Das Land ging offenbar neuen entscheidenden Schlachten entgegen. Aber dieser Weg war so lang und voller Dornen, dass viele unterwegs ermüdeten und sogar verzweifelten. Seitens der radikalen Intelligenz, die mit dem Kampf sympathisiert hatte, war der Verrat fast allgemein. Das brauchte man natürlich nicht zu beklagen. Aber selbst einige meiner früheren Genossen waren von Schwermut und Hoffnungslosigkeit übermannt worden. Daran konnte ich ermessen, wie schwer und zehrend der revolutionäre Kampf in der letzten Zeit gewesen war. Selbst ich, ein Mann, der sich nur an die vorrevolutionäre Zeit und den Beginn des Kampfes erinnern konnte, aber nicht selber das Joch der letzten Niederlagen getragen hatte, sah deutlich, dass die Revolution fortgeführt werden musste. In diesen Jahren hatte sich alles verändert, viele neue Elemente, die für die Revolution sprachen, waren hinzugekommen, es war unmöglich, die Lage im Gleichgewicht zu halten. Eine neue Welle der Revolution war unausbleiblich und nicht fern.

Es galt jedoch zu warten. Ich begriff, wie qualvoll und schwer die Arbeit der Genossen unter diesen Umständen war. Aber ich beeilte mich nicht, sie zu unterstützen, sogar unabhängig von Werners Meinung. Vielmehr wollte ich Kräfte sammeln, damit ich dann, wenn ich unbedingt gebraucht würde, genügend gewappnet wäre.

Auf langen Spaziergängen erörterten Wladimir und ich die Chancen und Bedingungen des bevorstehenden Kampfes. Von Wladimirs naiv-heroischen Plänen und Träumen war ich zutiefst gerührt, er war ein liebes, edelherziges Kind, dem ein Kämpfertod beschieden sein sollte, so anspruchslos und schön, wie es sein junges Leben gewesen ist. Die Revolution sucht sich ruhmvolle Opfer und färbt ihr proletarisches Banner mit gutem Blut.

Aber nicht nur Wladimir kam mir wie ein Kind vor. Viel Naives und Kindliches, das ich früher nicht bemerkt und gespürt hatte, fand ich auch bei Werner, dem alten Parteiarbeiter, und bei anderen Genossen, an die ich mich erinnerte. Alle Menschen, die ich auf der Erde kannte, waren für mich noch halbe Kinder, die das Leben nur undeutlich wahrnehmen und sich unbewusst von innerer und äußerer Spontaneität leiten ließen. In diesem Gedanken lag kein Quäntchen Herablassung oder Verachtung, sondern vielmehr eine tiefe brüderliche Sympathie für diese Menschen Embryos, die Kinder einer jungen Menschheit.

4. Das Kuvert

Die heiße Sommersonne hatte gleichsam das Eis geschmolzen, das auf unserem Land gelastet hatte. Das Leben erwachte, und die Vorzeichen eines neuen Gewitters flammten schon am Horizont auf, dumpfes Grollen drang aus den unteren Volksschichten. Die Sonne wärmte meine Seele, und das Erwachen der Natur stärkte meine Kräfte; ich spürte, dass ich bald gesund sein würde wie nie zuvor in meinem Leben.

In diesem verworren-lebensfrohen Zustand wollte ich mich nicht an die Vergangenheit erinnern, und der Gedanke war mir angenehm, dass ich von der ganzen Welt, von allen vergessen sei. Ich gedachte, erst dann zu den Genossen zurückzukehren, wenn niemandem in den Sinn käme, mich über meine jahrelange Abwesenheit zu befragen – wenn alle vollauf beschäftigt wären und meine Vergangenheit für lange in den stürmischen Wogen einer neuen Flut versinken würde. Entdeckte ich dennoch Dinge, die Zweifel an diesen Plänen weckten, stiegen Angst und Unruhe in mir auf, und ich verspürte Feindseligkeit gegenüber allen, die sich noch an mich entsinnen konnten.

Als Werner eines Sommermorgens aus der Anstalt zurückgekommen war, ging er nicht wie üblich in den Park, um sich zu erholen, weil ihn die Visiten sehr ermüdeten, sondern kam zu mir und fragte mich ausführlich nach meinem Befinden. Offensichtlich prägte er sich meine Antworten ein. Das alles war etwas ungewöhnlich, und anfangs dachte ich, er hätte unsere kleine Verschwörung entdeckt. Aus dem Gespräch ersah ich jedoch bald, dass er nichts davon wusste. Dann ging er – wiederum nicht in den Park, sondern in sein Arbeitszimmer, und erst eine halbe Stunde später sah ich, wie er seine geliebte schattige Allee entlangspazierte. Ich achtete auf solche Kleinigkeiten, weil sonst nichts geschah. Nach verschiedenen Vermutungen gelangte ich zu der wahrscheinlichsten Annahme, Werner wollte jemandem einen Bericht über meinen Gesundheitszustand schreiben, offensichtlich auf dessen Bitte hin. Seine Post wurde jeden Morgen in sein Arztzimmer in der Anstalt gebracht, er musste einen Brief mit einer Anfrage über mich erhalten haben.

Von wem war der Brief? Worum ging es? Ich musste es unbedingt und unverzüglich erfahren. Werner zu fragen wäre zwecklos gewesen – aus irgendeinem Grund würde er mir das verheimlichen, sonst hätte er es von selbst, ohne jede Frage erzählt. Wusste Wladimir etwas? Nein, er schien nichts zu wissen. Ich überlegte, wie ich zur Wahrheit vordringen könnte.

Wladimir war bereit, mir jeden Dienst zu erweisen.

Meine Neugier hielt er für völlig berechtigt und Werners Verschlossenheit für unbegründet. Ohne Bedenken durchsuchte er Werners Räume im Haus und das Arztzimmer in der Anstalt, jedoch erfolglos.

»Entweder trägt er den Brief bei sich, oder er hat ihn zerrissen und weggeworfen«, schloss Wladimir.

Ich fragte: »Wohin wirft er gewöhnlich die zerrissenen Briefe?«

»In den Papierkorb, der im Arztzimmer unter dem Tisch steht.«

»Gut, dann bringen Sie mir alles, was Sie in dem Korb finden.«

Wladimir ging und kam bald zurück. »Dort sind keine Briefe«, teilte er mir mit, »aber ein Kuvert habe ich gefunden. Dem Stempel nach ist der Brief erst heute angekommen.«

Ich nahm das Kuvert und betrachtete die Adresse. Der Böden wankte, die Wände stürzten auf mich.

Nettis Handschrift!

5. Schlussfolgerungen

Aus dem Wirrwarr von Erinnerungen und Gedanken, der in meiner Seele herrschte, als ich sah, dass sich Netti auf der Erde befand und mit mir treffen wollte, zog ich anfangs nur eine klare Schlussfolgerung. Der Gedanke kam gleichsam von selbst, ohne jeden logischen Prozess, und er lag außerhalb jeden Zweifels. Aber ich konnte mich nicht darauf beschränken, ihn einfach und möglichst bald zu verwirklichen. Ich wollte ihn mir und anderen ausreichend und unmissverständlich begründen. Besonders lag mir daran, zu verhindern, dass Netti mich falsch verstünde und für einen Gefühlsausbruch hielte, was logische Notwendigkeit war, was unvermeidlich aus meiner ganzen Geschichte hervorging.

Deshalb musste ich vor allem folgerichtig meine Geschichte erzählen – den Genossen, mir, Netti ... Dieses Manuskript ist die Frucht dieses Entschlusses. Werner, der es als erster lesen wird – einen Tag, nachdem Wladimir und ich verschwunden sind – wird dafür sorgen, dass man es druckt – natürlich mit allen notwendigen Veränderungen, welche die Konspiration gebietet. Das ist meine einzige Bitte an ihn. Ich bedauere sehr, dass ich ihm zum Abschied nicht die Hand drücken kann.

Als ich diese Erinnerungen aufzeichnete, erhellte sich die Vergangenheit, meine Rolle und meine Lage zeichneten sich klar in meinem Bewusstsein ab. Bei gesundem Verstand und mit sicherem Gedächtnis kann ich jetzt alle Schlussfolgerungen ziehen.

Es ist völlig unbestreitbar, dass die Aufgabe, die mir auferlegt wurde, meine Kräfte überstieg. Worin liegt die Ursache für mein Versagen? Und wie ist der Fehler des klarsichtigen, großartigen Psychologen Menni zu erklären, der einen solchen Missgriff getan hat?

Ich erinnere mich an ein Gespräch mit Menni, das in der glücklichen Zeit stattfand, als mir Nettis Liebe grenzenloses Vertrauen in meine Kräfte verlieh. Ich fragte ihn: »Wie sind Sie darauf gekommen, aus der Masse der unterschiedlichen Menschen, denen Sie bei Ihrer Suche begegnet sind, mich als den geeignetsten Vertreter für diese Mission auszuwählen?«

»Die Auswahl war nicht so groß«, antwortete er. »Wir mussten uns von vornherein auf Vertreter des wissenschaftlich-revolutionären Sozialismus beschränken; alle anderen Weltanschauungen stehen unserer Welt weit ferner.«

»Das sehe ich ein. Aber konnten Sie nicht unter den Proletariern, der Basis und Hauptkraft unserer Bewegung, leichter jemanden finden?«

»Ja, es wäre richtiger gewesen, dort zu suchen. Aber ... den Proletariern fehlt gewöhnlich etwas, was ich für unumgänglich halte: eine allseitige Bildung, die auf der Höhe Ihrer Kultur steht. Das brachte mich dazu, unter den Intellektuellen zu suchen.«

Mennis Pläne waren nicht in Erfüllung gegangen. Hätte er also niemanden nehmen sollen, da der Unterschied beider Kulturen für einen Einzelmenschen eine unüberbrückbare Kluft bildet, die nur die Gesellschaft überwinden kann? Ein solcher Gedanke wäre für mich sehr tröstlich gewesen, aber mir blieben ernste Zweifel. Ich meine, Menni hätte seine Bedenken Arbeitern gegenüber überprüfen sollen.

Warum war ich denn gescheitert?

Beim ersten Mal war eine Unmenge fremder Eindrücke auf mich eingestürzt, die grandiose Vielfalt überflutete mein Bewusstsein und unterspülte die Ufer. Mit Nettis Hilfe überlebte und bewältigte ich die Krise. Aber haben nicht die erhöhte Sensibilität und die verfeinerte Wahrnehmungsfähigkeit, die Geistesarbeitern eignet, diese Krise verstärkt? Hätte nicht ein Mensch mit einer etwas primitiveren, weniger komplizierten, dafür aber organisch gefestigteren und stabileren Natur alles leichter durchgestanden? Wäre für ihn der Übergang nicht weniger schmerzhaft gewesen? Sicherlich wäre es für einen wenig gebildeten Proletarier nicht so schwer gewesen, in eine neue, höhere Existenzform zu gelangen. Er hätte zwar mehr lernen müssen, dafür aber hätte er weniger umzulernen brauchen, und gerade das ist das Schwerste. Menni ist in einen Fehler des Kalküls verfallen, indem er dem Bildungsgrad mehr Bedeutung beimaß als der Fähigkeit zu kultureller Entwicklung.

Beim zweiten Mal zerbrachen meine seelischen Kräfte am Charakter der Kultur, der ich mit meinem ganzen Wesen angehören wollte: Mich bedrückte ihre Höhe, das Ausmaß ihrer sozialen Bindungen, die Reinheit und Eindeutigkeit der Beziehungen zwischen den Menschen. Sternis Rede, in der die Unvereinbarkeit zweier Lebenstypen auf plumpe Weise dargelegt wurde, war lediglich ein Vorwand, nur der letzte Anstoß, der mich in den dunklen Abgrund stürzte. Der Widerspruch zwischen meinem Empfinden und dem sozialen Milieu – in der Fabrik, in der Familie, im Umgang mit Freunden – war für mich unüberwindbar. Und wiederum: War dieser Widerspruch nicht weitaus stärker für einen revolutionären Intellektuellen, der stets neunzig Prozent seiner Arbeit entweder in der Abgeschiedenheit oder unter Bedingungen einseitiger Ungleichheit als Lehrer und Leiter von anderen vollbracht hatte – also in der Absonderung seiner Person? Wäre der Widerspruch nicht schwächer und milder für einen Menschen, der neunzig Prozent seines Arbeitslebens in einer zwar primitiven und unentwickelten, dafür jedoch kameradschaftlichen Umgebung verbringt, mit der etwas groben, aber wirklichen Gleichheit aller? Das war wohl so, und Menni sollte seinen Versuch erneuern, aber mit einem anderen Menschen.

Mir hingegen blieb, was zwischen den zwei Katastrophen gewesen war, was mir Energie und Mut für einen langen Kampf gab, was mir auch jetzt erlaubt, ohne ein Gefühl der Erniedrigung meine Schlüsse zu ziehen. Das ist – Nettis Liebe.

Zweifellos war Nettis Liebe ein Missverständnis, ein Irrtum ihres edlen und leidenschaftlichen Herzens. Aber ein solcher Irrtum war möglich – das kann niemand bestreiten und ändern. Und das verbürgt die wirkliche Nähe beider Welten, ihr künftiges Verschmelzen zu einer einzigen schönen und harmonischen Welt, wie es sie bisher nie gab.

Und ich selber ... Hier gibt es kein Resultat. Das neue Leben ist mir unzugänglich, und in das alte will ich nicht zurück. Ich gehöre ihm weder mit meinem Verstand noch mit meinem Gefühl an. Der Ausweg ist klar.

Ich muss die Aufzeichnungen beenden. Mein Helfer wartet im Park auf mich, da ist sein Signal. Morgen werden wir beide weit fort sein, auf dem Weg dorthin, wo das Leben brodelt und überkocht, wo es leicht ist, die verhasste Grenze zwischen Vergangenheit und Zukunft zu verwischen. Leben Sie wohl, Werner, mein alter, guter Genosse!

Es lebe das neue, bessere Leben! Ich grüße sein lichtes Erscheinungsbild, meine Netti!

Aus Doktor Werners Brief an den Literaten Mirski (offenbar aus Zerstreutheit hat Werner den Brief nicht datiert):

Die Kanonade war längst verstummt, und immer noch wurden Verwundete gebracht. Die meisten waren keine Milizionäre und Soldaten, sondern friedliche

Bürger; viele Frauen, sogar Kinder, vor dem Schrapnell sind alle Bürger gleich. In mein Lazarett, das dem Schlachtfeld am nächsten lag, wurden hauptsächlich Milizionäre und Soldaten eingeliefert. Die vielen Wunden von Schrapnellen und Granatsplittern erschütterten sogar mich, einen alten Arzt, der ich früher mehrere Jahre als Chirurg gearbeitet hatte. Aber all den Schrecken übertönte ein freudiges Gefühl, ein frohes Wort: Sieg!

Es war unser erster Sieg in einer echten großen Schlacht. Aber jedem war klar, dass dieser Sieg die Sache entschieden hatte. Die Waagschale hatte sich auf die andere Seite geneigt. Dass ganze Artillerieregimenter zu uns übergelaufen waren, war ein klares Zeichen. Das Jüngste Gericht hatte begonnen. Das Urteil würde nicht gnädig, aber gerecht sein. Es war längst Zeit für das Ende.

Auf den Straßen Blut und Trümmer. Die Sonne hatte sich vom Rauch der Brände und Kanonaden gerötet. Aber sie erschien unseren Augen nicht unheilvoll, sondern fröhlich-schrecklich. In der Seele erklang ein Kampflied, ein Siegeslied.

~~~

Leonid wurde gegen Mittag in mein Lazarett gebracht. Er hatte eine gefährliche Wunde in der Brust und mehrere leichte Verletzungen, vielmehr Kratzer. Noch mitten in der Nacht hatte er sich mit fünf »Grenadieren« in ein Stadtviertel begeben, das sich in Feindeshand befand; dort sollte er mit einigen verwegenen Überfällen Panik hervorrufen und die Truppe demoralisieren. Er hatte diesen Plan vorgeschlagen und sich selbst zur Ausführung gemeldet. Da er in früheren Jahren viel in der Stadt gearbeitet hatte und jeden Winkel kannte, konnte er das tollkühne Unternehmen besser als andere leiten, und der Chef der Miliz stimmte nach
~~~

längerem Zögern zu. Es gelang Leonid und seinen Männern, mit Granaten bis zu einer feindlichen Batterie vorzudringen und von einem Dach aus einige Munitionskästen zu sprengen. In der Panik, die von der Explosion ausgelöst wurde, ließen sie sich herunter, zerstörten die Geschütze und vernichteten die restlichen Geschosse. Dabei wurde Leonid von Splittern leicht verwundet. Während des eiligen Rückzugs trafen sie auf eine Abteilung feindlicher Dragoner. Leonid übergab das Kommando an Wladimir, der sein Adjutant war, schlüpfte mit den letzten beiden Granaten in ein Haustor und blieb im Hinterhalt, während die anderen weiterliefen, wobei sie zufällige Verstecke nutzten und energisch zurückschossen. Nachdem Leonid einen großen Teil der feindlichen Abteilung vorbeigelassen hatte, warf er die erste Granate auf den Offizier, die zweite in eine Gruppe Dragoner. Die ganze Abteilung stob auseinander, unsere Männer kehrten zurück und nahmen Leonid mit, der von dem Splitter einer seiner Granaten schwer verletzt war. Noch vor dem Morgengrauen erreichten sie unsere Linien und übergaben Leonid meiner Obhut.

Der Splitter konnte gleich entfernt werden, aber er war bis zur Lunge vorgedrungen. Leonids Zustand war ernst. Ich brachte den Verwundeten so gut und bequem wie möglich unter, aber eines konnte ich ihm natürlich nicht bieten – die Ruhe, deren er unbedingt bedurfte. Bei Morgengrauen lebte die Schlacht wieder auf, der Lärm war deutlich bei uns zu hören, und das ständige Interesse an ihrem Verlauf ließ Leonids Fieber steigen. Als andere Verwundete gebracht wurden, erregte er sich noch mehr, und ich musste ihn isolieren, soweit das möglich war. Ich stellte Schirme um sein Bett, damit er wenigstens die fremden Wunden nicht sah.

Gegen vier Uhr nachmittags war die Schlacht beendet und der Ausgang klar. Ich war mit der Untersuchung und Unterbringung der Verwundeten beschäftigt, als man mir die Visitenkarte einer Dame übergab, die sich einige Wochen zuvor schriftlich nach Leonids Befinden erkundigt hatte. Nach Leonids Flucht war sie persönlich bei mir gewesen, und ich hatte sie mit einer Empfehlung zu Ihnen geschickt, um Sie mit dem Manuskript bekannt zu machen. Da diese Dame zweifellos eine Genossin und zudem offenbar Ärztin war, habe ich sie zu mir in den Krankensaal gebeten. Wie bei unserer letzten Begegnung trug sie einen dunklen Schleier, der ihr Gesicht verhüllte.

»Ist Leonid hier?« fragte sie, ohne mich zu begrüßen.

»Ja«, antwortete ich, »aber Sie brauchen sich nicht zu beunruhigen: Seine Verwundung ist zwar ernst, doch er kann sicherlich geheilt werden.«

Sie stellte mir einige fachliche Fragen, um sich über den Zustand des Kranken zu informieren. Dann erklärte sie, dass sie ihn zu sehen wünsche.

»Wird ihn dieses Wiedersehen nicht aufregen?« wandte ich ein.

»Zweifellos wird es das«, war ihre Antwort, »aber es wird ihm weniger schaden als nutzen. Ich verbürge mich dafür.«

Ihre Stimme klang entschieden und sicher. Ich spürte, dass sie wusste, was sie sagt, und konnte ihr den Wunsch nicht abschlagen. Wir gingen in den Krankensaal, in dem Leonid lag, und ich gab ihr mit einer Geste zu verstehen, dass sie hinter den Schirm gehen solle. Ich blieb in der Nähe am Bett eines anderen Schwerverwundeten, den ich sowieso untersuchen musste. Falls es notwendig gewesen wäre, wollte ich in ihre Unterhaltung mit Leonid eingreifen.

Hinter dem Schirm hob sie ein wenig den Schleier. Durch das Gewebe des Schirms war ihre Silhouette zu sehen, und ich konnte erkennen, dass sie sich zu dem Kranken neigte.

»Eine Maske ...«, flüsterte Leonid.

»Deine Netti!« antwortete sie, und in diesen beiden Worten, die mit leiser, melodischer Stimme gesprochen wurden, lag so viel Zärtlichkeit, dass mein altes Herz vor schmerzhaft-frohem Mitgefühl erbebte.

Sie machte eine heftige Handbewegung, als knöpfe sie den Kragen auf, schien Hut und Schleier abzulegen und sich noch weiter über Leonid zu beugen. Eine Minute lang schwiegen beide.

»Sterbe ich?« fragte er.

»Nein, Lenni, das Leben liegt vor uns. Deine Wunde ist nicht tödlich und nicht einmal gefährlich.«

»Und der Mord?« wandte er bange ein.

»Das war die Krankheit, Lenni. Sei ruhig, dieses Aufwallen tödlichen Schmerzes wird nicht zwischen uns stehen, es wird uns auf unserem Weg zu dem großen gemeinsamen Ziel nicht hinderlich sein. Und wir erreichen dieses Ziel, Lenni.«

Ein leichtes Stöhnen entrang sich Leonids Brust, aber es war kein Schmerzenslaut. Ich ging fort, weil ich meinen Kranken schon untersucht hatte und nicht mehr zu lauschen brauchte. Wenige Minuten später rief mich die Unbekannte erneut. Sie trug wieder Hut und Schleier.

»Ich nehme Leonid mit«, erklärte sie. »Er selbst wünscht das, und bei mir findet er bessere Bedingungen als hier, sodass Sie beruhigt sein können. Zwei Genossen warten unten, sie werden ihn zu mir bringen. Geben Sie ihnen eine Bahre.«

Warum sollte ich mit ihr streiten: In unserem Lazarett waren die Bedingungen tatsächlich nicht die besten. Ich erbat ihre Adresse – die Dame wohnte in der Nähe – und beschloss, Leonid am nächsten Tag zu besuchen. Zwei Männer kamen und trugen Leonid vorsichtig auf einer Trage aus dem Saal.

~~~

(Postskriptum vom folgenden Tag):

Leonid und Netti sind verschwunden. Eben war ich in ihrer Wohnung: Die Türen sind nicht verschlossen, die Zimmer sind leer. In einem großen Raum, in dem ein Fenster weit offenstand, fand ich einen an mich adressierten Zettel. Darauf waren mit zitternder Hand die Worte geschrieben:

Einen Gruß an die Genossen.
Auf Wiedersehen. Ihr Leonid.

Seltsamerweise bin ich keineswegs beunruhigt. Ich bin in diesen Tagen tödlich ermüdet, habe viel Blut und viel Leid gesehen, habe Bilder des Untergangs und der Zerstörung erblickt, aber meine Seele ist immer noch froh und hell.

Das Schlimmste liegt hinter uns. Der Kampf war lang und schwer, doch der Sieg ist nahe. Der nächste Kampf wird leichter sein.
~~~

ISBN / EAN: 978-3-95870-756-6

ISBN / EAN: 978-3-95870-710-8